Gezi

Yeni Bir Çağ Başlıyor

AYŞE ACAR

Düzelti : Ümit Özkan

Kapak Tasarım : İrem Nalça

Kapak hazırlık : Nermin Karahan

Kitap hazırlık : Goa Yayıncılık

Bu kitap GOA Basım Yayın ve Tanıtım Hizmetleri tarafından hazırlanmış ve Kitap Matbaacılık San. Tic. Ltd. Şti'nde basılmıştır.

Tel: (0 212) 482 99 10

Davutpaşa Cad. No: 123 Kat: 1 Topkapı-İSTANBUL Sertifika No: 16053

GOA Basım Yayın ve Tanıtım Hiz. San. Tic. Ltd. Şti. Sertifika No: 13225

Dikilitaş Mah. Hoşsohbet Sok. Danış Apt. N:5/13 Gayrettepe-İstanbul

Tel: (0212) 275 92 02 info@goa.com.tr www.goa.com.tr

http://twitter.com/GOA_Yayincilik facebook: Goa Yayıncılık

İÇİNDEKİLER

"Olaylar, olgulara bağlanmazsa, geçmişe ilişkin tarihi olayların unutulmuş boşluğuna düşüp, yok olup giderler."

E.H. Carr

Mehmet Ayvalıtaş
Abdullah Cömert
Ethem Sarısülük
Ali İsmail Korkmaz
Medeni Yıldırım
Hasan Ferit Gedik
Ahmet Atakan
Berkin Elvan
…Geleceğin Çocukları ve

Bana kelimeleri okumayı öğreten Metin Bobaroğlu'na ithaf edilmiştir…

ÖNSÖZ

Anadolu âşıklarından bir âşık, bağlamasını akort edip türküsünü söylüyor ve durup şöyle diyor: "İlkin bağlamamın tellerini 'gardaş' eyledim, sonra çaldım, söyledim..."

İnsanlığımızın uzun serüvenini bazen yazılı, bazen sözlü kaynaklardan öğrendik. İçinde bulunmadığımız zaman dilimlerine ve coğrafyalara tanık olduk böylece. Büyük savaşlar, göçler, keşifler, icatlar, büyük medeniyetler, yıkılan imparatorluklar...

Bir nehir gibi akan bu süreçte nehrin akışına, bazen durgunluğuna ya da coşkusuna ve dahası yönüne biz karar verdik. Biz, ömrü 80-100 yılla sınırlı olmayan, binlerce yıldır yaşamını sürdüren "insanlık". Adımız bazen Sokrat, bazen Hypatia, bazen Musa, Meryem, Buda, Sezar, Martin, Ahmet, Bruno, Fadima, Marks, Einstein ve bazen Kemal oldu.

"İnsanlık" denilen sonsuz ve aşkın olan kelime "insan" kılığına girip görünür hâle geldi. Tek tek insan bireyleri olarak farklı zaman dilimlerinde, farklı coğrafyalarda görünüp kaybolduk. Fakat bu serüven boyunca daima farklı görünüşlerde kendini gösteren "insanlık" yok olmadan varlığını sürdürdü.

İnsanlık tarihini, başından sonuna tek bir kişi yaşamış gibi düşünecek olsak; yani sen, yani ben, birimiz tek başına yaşamış gibi düşünecek olsak acaba tarihi nasıl okurduk? Başarıların, keşiflerin, mutlulukların, sevginin olduğu gibi savaşların, katliamların, haksızlıkların, acıların da tek bir kişinin kişisel serüveni olduğunu düşünür gibi tarihi okumak acaba bize neyi gösterirdi?

Size GEZİ'yi böyle okumanızı teklif ediyorum.

SONSUZA GİDENLER…
(İllüstrasyon: İrem Nalça)

GÜNDÜZ HALK, GECE CLARK KENT

GİRİŞ

"BigBang" kadar eski bir başlangıç olmasa da bir miktar filmi başa sarıp bazı hatırlamalar yapmalıyım. Gezi'yi olgusal olarak okumamıza yardımcı olacak bir yöntem bu. Aynı zamanda Gezi'nin yeni bir çağı neden çağırdığını anlatabilmek için buna ihtiyacımız var. Bazen durup, birtakım kavramları olabildiğince anlaşılır hâle getirmek ve anlamak için o kavramlar üzerine yoğunlaşabilirim. Bu bize bir tartışma zemini doğurur diye düşünüyorum. Aslında tüm yapmak istediğim, Gezi'nin olgusal olarak tartışılmasına bir başlangıç olarak katkı sağlamak.

Bir tarihi okumanın yöntemi olarak elimizde üç alternatif bulunduğu söylenir. Bunlardan biri; "Vital Tarih", yani yaşayan kişinin bize aktardığı tarih. Mesela, Roma tarihini okurken Sezar'ın kaleminden ya da ifadelerinden tarihi okumak. İkinci alternatif; "Siyasal Tarih", yani tarihçilerin bize aktardığı metinler. "Resmi Tarih" yazımı bu alana giriyor. Son olarak daha çok filozofların düşünceleri ve kalemleriyle bize ulaşan "Kavramsal Tarih" aktarımı var. Kavramsal tarih; tarihi, sürecinde, uzun soluklu bir inşayı seyreder gibi olgusal olarak okutur bize. Kavramsal tarih aynı zamanda "aklın tarihte görünümü" olarak da tanımlanabilir.

Olayları bu yöntemle okuduğumuzda, sanki "Tüm olayların akışında tek bir kişi varmış ve bu tek bir kişi kendi içinde bazen çelişkiler yaşamış, bazen kararlı davranmış, bazen de derin mutsuzluklar yaşamış..." gibi bir hissiyat oluşuyor insanda. Fakat bu hissiyatın olumlu bir katkısı var; bir sonraki adımı sanki okuyan kişi kendi atacakmış gibi fotoğrafın tamamını görebiliyor ve nasıl bir adım atılması gerektiğini kestirebiliyor. İşte işin bu olumlu yanı konuya yalnızca filozofları değil, "Ne yapmak gerekir?" diyen hepimizin dâhil olmasını sağlayabilir gibime geliyor.

En azından ya da en kötü ihtimalle "Hakikaten öyle mi?" bunu bir denemiş oluruz.

İlk önce genel ve kısa bir özet yapalım "Giriş" kısmında.

Tarih okumalarından anlaşılan şu ki; Rönesans ve Reform dönemleri olarak isimlendirdiğimiz Aydınlanma Çağında "aklın" insan ve toplum ilişkilerinde merkeze konulması gerektiğine karar verdik. 18. yüzyılda Avrupa'da aldığımız bu karar bilim, sanat ve felsefede önemli ürünler verdi. Aklın kurumsal temsilcisi olan üniversitelerde hukuk, tıp, fizik gibi pek çok alanda gelişmeler kat ettik. Devlet denilen yapının bu yeniçağda hangi kurallar bütünü ile oluşması gerektiğini belirledik.

İnsan hakları, bireysel özgürlükler gibi temel hakların güvence altına alınması için yasalar oluşturduğumuz "modern" dönem bizim için büyük önem taşımaktaydı/dır. Teknoloji sayesinde tüm dünya ile iletişim kurabilmek, insan bedeninin üstlendiği ağır işlerin makinelere devredilmesi, yaşam alanlarımızın daha korunaklı ve konforlu olması gibi kazanımları bu döneme borçluyuz.

Modern dönemde kazanım olarak adlandırdığımız başlıkları belirleyen neden onların nesnel yokluğu gibi duruyor. Bir ihtiyaç olarak uzunca yıllar hayallerimizi, düşüncelerimizi, tutkularımızı belirleyen bu yokluk, ihtiyacın giderilmesi ile varlık kazandı. Uzun mesafeleri kat etmemizi sağlayacak araçların yokluğunu yaşarken, hayatımızı kolaylaştırsın diye bu tür araçları hayal ediyorduk. Hayallerimiz bir gün gerçeklik kazandı ve varlık hâline geldi. Arabalar, trenler, uçaklar artık vardı. Fakat her varlık açığa çıkarken bir şeyleri kolaylaştırmakla birlikte, beraberinde yeni zorluklar ve aslında yokluklar da getiriyordu. Garip bir fasit daire gibi bir durum.

Mesela, "Atomu parçalayabilir miyiz?" diye uzun yıllar çaba gösterirken -ki parçalanabilir olması bilim dünyasında çığır açarak hayatımızı kolaylaştırıyordu- atomun parçalanabilir olduğunu keşfetmek atom bombası ve ağır silahları da beraberinde getiriyordu.

Bu olumsuz etkilerine rağmen, akıldan vazgeçmek de pek makul değildi. Bir müddet sonra müthiş buluşlara imza atan aklı, insan ve toplum ilişkilerinde merkeze almamız bugün hâlâ yaşamımızda olan/olması gereken büyük kazanımlarla birlikte, "İnsan, akıl için mi vardır?", "Akıl, insan için mi vardır?" sorununu da beraberinde getirdi.

İşte 20. yüzyılda kendini göstermeye başlayan post-modern dönem, modernizme haklı olarak eleştirel sorular yönelttiğimiz dönemdir. II. Dünya Savaşı sonrası başlattığımız ve bugün hâlâ içinde olduğumuz post-modern süreçte kendi aklımıza sorular sormaktayız. Her ne kadar, "11 Eylül Olayları ile bu dönem bitti," yorumları yapılsa da aynı fikirde olmadığımı belirtmeliyim. Aynı konular üzerine hâlâ sorular sormaya devam ediyoruz. Zaten yaklaşık 70 yıldır yaşamımızda olan post-modern dönemde kendimize yalnızca sorular sorduk.

Cevap verememiş olmanın oluşturduğu bir ortam vardı ve bu bizi kimliksizlikle karşı karşıya bıraktı. modernizmi eleştirdik, yerine yeni bir "ben" koyamadığımız için uzmanların "anomi" diye tanımladığı, anlam/kimlik yitimine uğradık.

Post-modern yıllar boyunca sokaklara defalarca çıkıp, yitip giden kimliğimizi çağırır gibi, "Bağlamanın, gitarın akordu bozuldu, hadi gelin telleri kardeş yapalım," diye ses verdik. "Wearethe World, yaşasın kardeşlik!" dediğimiz oldu. Kimliksizlikten sıyrılmak için geçmişin kimliğine de sarıldığımızda.

Ve nihayet... "bazı şeyleri" fark ettiğimiz ama varlığa somut olarak yeniliği çağıramadığımız uzunca bir dönemin sonucu niteliğinde bir ses verdik. Yeniçağı çağıran bir ses; 31 Mayıs 2013 tarihinde Türkiye'den bir ses...

"Kahrolsun bazı şeyler!"

'20.yy.da geçerli olan ideolojik değerlerin, yerini, 21.yy.da insanlık değerlerine bıraktığının bir göstergesi" olarak Türkiye'den bir ses: "Kahrolsun bazı şeyler!"

1. BÖLÜM
DİREN GEZİ PARKI

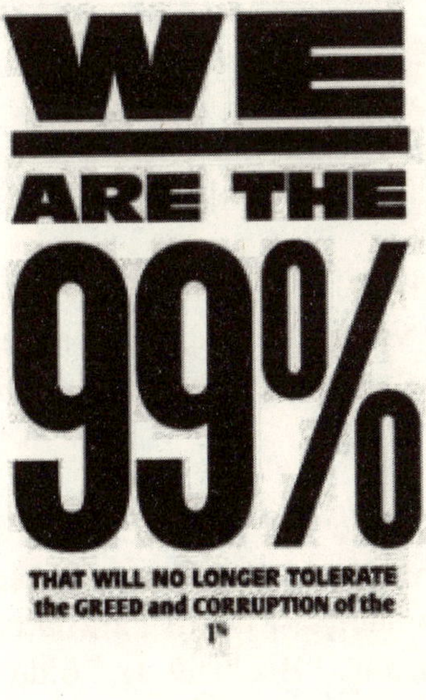

Dünyadan 2008 yılından bu yana zaten sesler yükseliyor. Gezi'yi bu seslerden ayıran ve Geziye "Yeni bir Çağ"ın habercisi olarak bakmamızı sağlayan ne olabilir ki? Diğer olayların genel olarak tüm içeriğine bakmak yerine kullandıkları slogan ya da duvar yazılarına bakmayı öneriyorum. Sloganların ve duvar yazılarının eylemlerin asıl özeti olduğu fikrindeyim. Bir nevi kimliği gibi. Gezi dışında dünyadaki diğer eylemlerde slogan sayısı son derece az. Duvar yazıları ile sloganlar genel başlık itibarıyla, şaşırtıcı ama neredeyse 5'e indirgenebilir. Fakat yine de bu eylemlerin kimliğini bize anlatmaya yetiyor. Hatırlamak için:

OCCUPY ve ARAP BAHARI

#Occupy: 2008-2012 yıllarında ABD'de başlayıp, tüm dünyayı etkisi altına alan bir hareket.

Arap Baharı: 2010 yılında Tunus'ta başlayıp, Mısır, Yemen, Cezayir ve Ürdün'e sıçrayan, ardından da Ortadoğu ve Kuzey Afrika'nın tamamına domino etkisi gibi yayılan bir hareket.

Occupy Wall Street (OWS-Wall Street'i işgal et!) 17 Eylül 2011'de New York'taki finans merkezi Wall Street'i protesto etmek amacıyla Zucotti Park'ta başladı. OWS hareketinin ana sloganı, "Biz %99'uz," oldu. ABD'de %1'lik refah seviyesi en yüksek kesimle, kalan %99'luk halk arasındaki gelir dağılımı adaletsizliğe bir başkaldırı olarak tanımlandı. OWS eylemleri, dev şirket ve holdinglerin ABD'nin iç ve dış politikaları üzerindeki nüfuzunu azaltmayı, gelir dağılımında dengeyi, istihdam artışını, öğrenci harçlarında affı, bankacılık sisteminde reformlar yapılmasını, piyasa alım satımlarında spekülasyonun engellenmesini, haciz ve ipoteklerin hafifletilmesini amaçlıyordu. Bu protestolar, %1'in etkin gücü nedeniyle, ABD medyasında fazla yer bulamadı ve sesini sosyal medyada duyurdu.

Occupy eylemlerinde sosyal medya ve sokaklarda kullanılan sloganların ana temasını kapitalizm eleştirisi oluşturuyordu. Noam Chomsky, "Occupy"adlı kitabında hareketi şu cümle ile özetliyor: "Sorunun asıl kaynağı ekonomik adaletsizliktir."

Küresel ekonomik krizin getirdiği işsizlik, kemer sıkma politikaları, yüksek vergiler, sosyal adaletsizlik, hukuksuzluk ve sömürü düzenine karşı başlatılan bir hareket. Yüzde 1'lik sınıfı temsil eden zenginlere karşı %99'luk göreceli yoksul sınıfın karşı karşıya gelmesi "İşgal Et/Occupy'ı" özetleyen bir tablo aslında. Sosyalist ideolog, filozof ve aktivistlerin daha çok ön planda olduğu bir sınıf hareketi.

Hareketin başlangıç noktası ise kapitalizmin dünyada bir nevi ana kumanda merkezi olan Amerika Birleşik Devletleri. 2007'de başlayan ekonomik krizin yarattığı işsizlik sorununu yüzdelerle gündeme taşıyan Adbusters dergisinin bir çağrısıyla başlayan bu hareket Amerika'da ülke çapında büyük bir yaygınlık göstermedi.

Occupy'lar da katılımcıların sokaklarda ve sosyal medyada kullandığı yayın sloganlar:

- Biz %99'uz
- Savaşa Değil, Hakla Harcayın
- Dünyayı Değiştireceğiz
- Yeni, Özgür ve Adil Bir Dünya İstiyoruz
- Gelecek Yok (No Future)

Wall Street işgal eylemlerinin esin kaynağı olarak da gösterilen Arap Baharı, 18 Aralık 2010'da Tunus'ta başladı. Tunus'ta yasemin satan Mohamed Boazizi adlı bir gencin, sokakta haczedilmesi üzerine kendini yakmasıyla başlayan Arap Baharı'nın temel nedeni tıpkı Occupy'larda olduğu gibi "ekonomik adaletsizlik" olarak tanımlanıyor. Gıda enflasyonu, işsizlik, siyasi yozlaşma, kötü yaşam koşulları, rejim değişikli talebi Arap Baharı'nın temel hareket noktasını oluşturdu. Arap Baharı uğradığı ülkelerin büyük bir bölümünde silahlı çatışmalara neden oldu.

Arap Baharı'nda katılımcıların sokaklarda ve sosyal medyada kullandığı yayın sloganlar:

- İnsanlar Rejimi Devirmek İstiyor
- Halk Adalet İstiyor
- Git
- Yeter

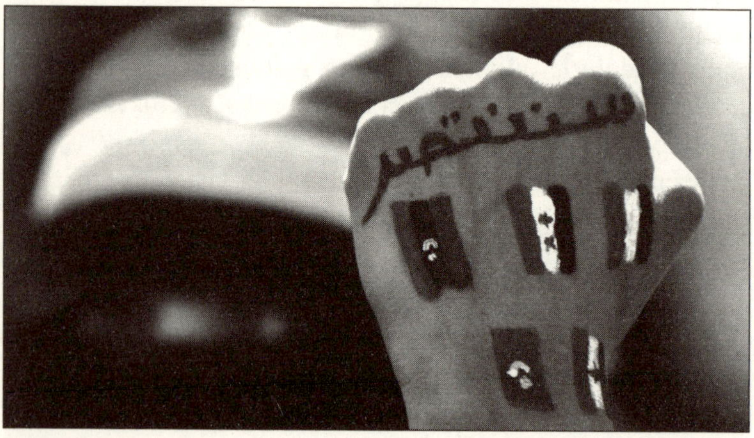

*"Occupy ve Arap baharları belirli çıkar gruplarının bir organizasyonu muydu?"*gibi temel bir soru var ortada. Bu soruya kimi yayın kuruluşlarının "hayır", kimilerinin ise "evet" yanıtını verdiğini hatırlarsınız. Türk medyasında bazı yayın kuruluşları Occupy ve Arap Baharı'nı "sermayenin adaletsiz dağılımı ve finans piyasalarının açgözlülüğünden kaynaklı doğal halk tepkisi" olarak yorumlarken, bazıları Yugoslavya'daki Turuncu Devrim'i örgütleyen Otpor/Canvas'ın hem Occupy hem de Arap Baharı'nı organize ettiğini söyledi.

Otpor'un temel amacı *"şiddet içermeyen eylemler aracılığıyla sözü edilen ülkelerde darbe yapmak"* olarak tanımlanıyor. Otpor/Canvas'ın mali finansörü olarak ABD'li finans spekülatörü George Saros gösteriliyor. Planlandığı iddia edilen eylem biçimi ve taktikler arasında; genel grev çağırıları, STK'lar aracılığı ile gençleri kitlesel eylemlere sürüklemek, düşük maliyetli dramatik yöntemler kullanmak (sokak tiyatroları, öğrenci grevleri vb.) yer alıyor. Otpor/Canvas'ın kullandığı amblem olan sıkılı yumruk işaretinin ise yaygın biçimde eylemler esnasında bir simgeye dönüştüğü söyleniyor.

CIA destekli olduğu belirtilen Otpor/Canvas'ın bazı eylem simgeleri özellikle Mısır başta olmak üzere Arap Baharı'nda kendini gösterdi. Mesela, kapalı yumruk yaygın olarak buralarda gösterildi.(Arap coğrafyasında insanlar sağ yumruk göstermeyi ya da ellerinin iç ya da dış kısmını boyayarak göstermeyi tercih etmişlerdi. R4BİA işareti ise Arap coğrafyasında lokal olarak kullanıldı.)

Arap Baharı'nı CIA destekli bir hareket olarak yorumlamayan AKP hükümeti Gezi için, "Gezi eylemleri, dış güçlerin AKP hükümetini devirmeye dönük bir organizasyonudur," diyerek Gezi eylemlerini "dış güçlerin" organizasyonu olarak yorumlamayı tercih etti. Gezi'yi verisel ve olgusal değerlendirme yoluna bilinçli ya da bilinçsiz olarak gitmedi/gidemedi.

Gezi'ye dair bazı verilere bakmakta fayda var...

İSTATİSTİKLERDE GEZİ

"Kendilerini Nasıl Tanımlıyorlar?"

BİLGİ ÜNİVERSİTESİ ANKETİ

#direngeziparkı Protestolarını Destekleyenlerin Kendilerini Tanımlarken Geçerli Olduğunu Düşündükleri Nitelendirmeleri

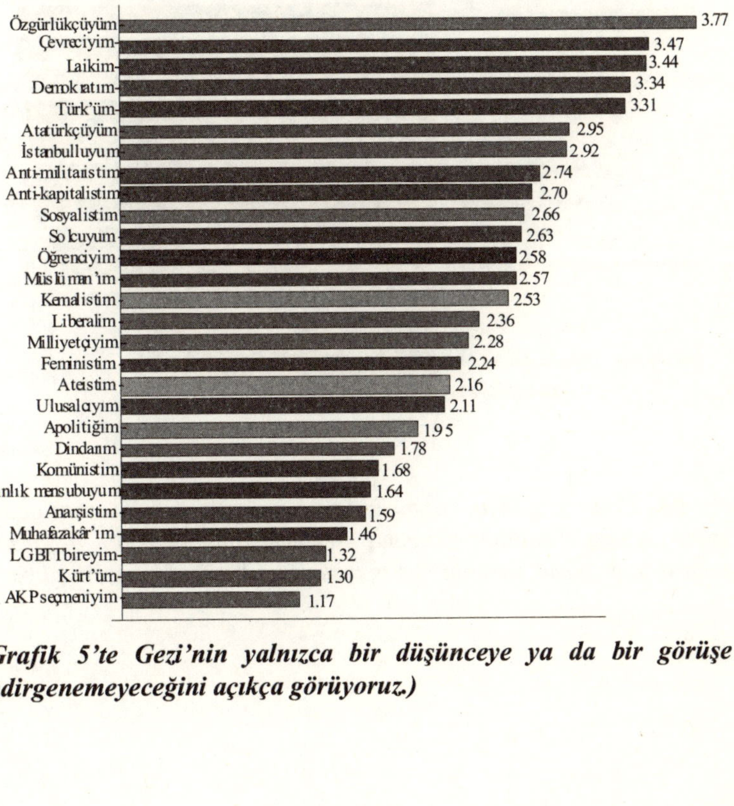

(Grafik 5'te Gezi'nin yalnızca bir düşünceye ya da bir görüşe indirgenemeyeceğini açıkça görüyoruz.)

"Bundan sonrası için ne olmasını istiyorlar?"

BİLGİ ÜNİVERSİTESİ ANKETİ

#direngeziparkı Protestolarını Destekleyenlerin Bundan Sonraki İçin Önerileri

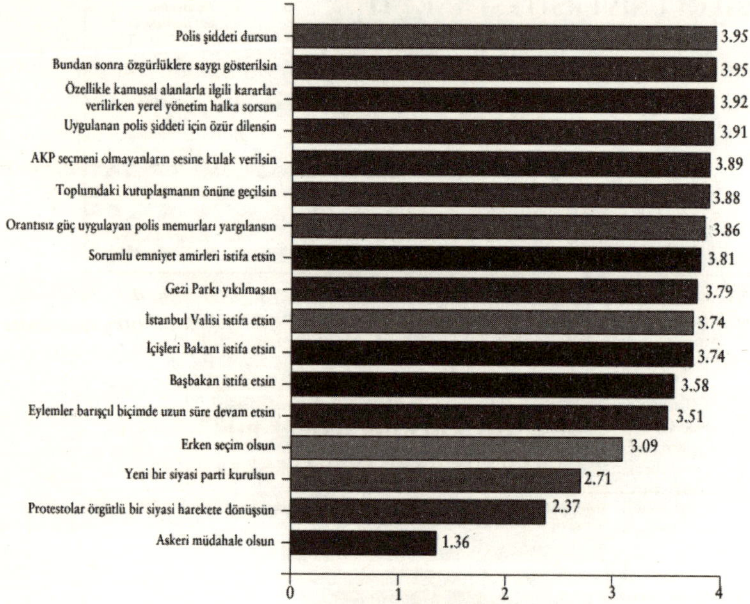

(Grafik 9'da, taleplerin "özgürlük", "demokrasi" ve "yurttaş olarak kabul edilme" istekleri üzerinde şekillendiğini ve Gezi eylemeleri esnasında en büyük tepkinin "polis şiddeti"ne dönük olduğu anlaşılıyor.)

"Oy vermişler miydi?"

GEZİ PARKI ARAŞTIRMASI/KONDA

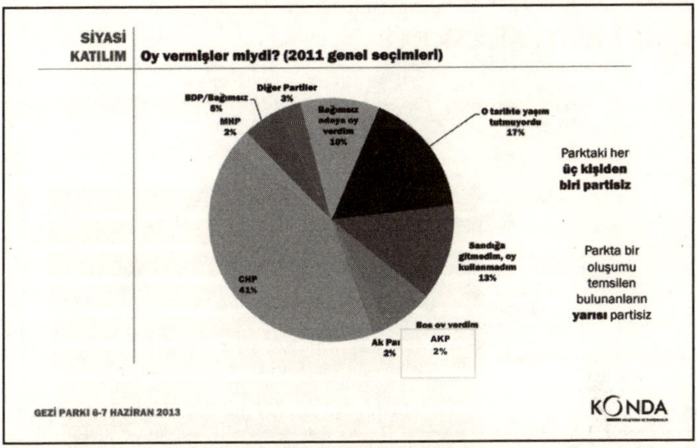

(KONDA'nın araştırmasına göre dikkat çeken en önemli detaylar; "Parktaki her üç kişiden birinin partisiz,", "Parkta bir oluşumu temsilen bulunanların yarısı partisiz,".)

"Bir kuruma üyeler mi?"

GEZİ PARKI ARAŞTIRMASI/KONDA

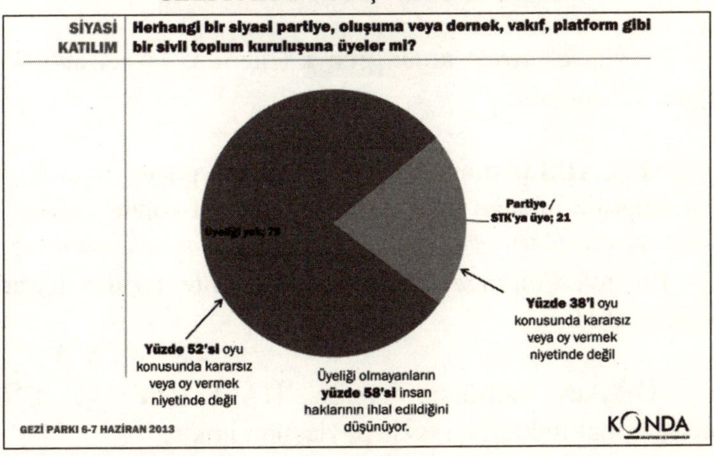

(KONDA'nın araştırmasında %79 gibi çok yüksek bir oranla eylemcilerin bir kuruma üye olmadıklarını görüyoruz.)

"Hangi kimlikle geldiler?"

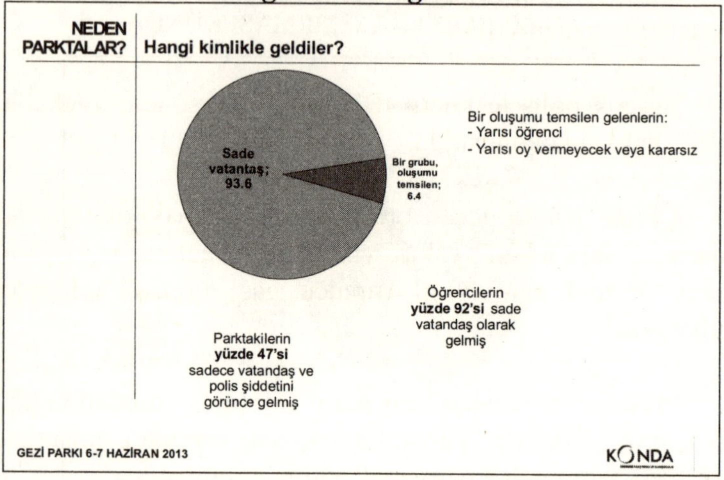

(Katılımcıların %93.6'sı kendini "sade vatandaş" olarak tanımlıyor.)

Somemto firmasının yaptığı araştırmaya göre:

- #direngeziparkı en çok kullanılan etiket oldu. Bu içerikle 3.2 milyon tweet atıldı.

- En yüksek tweet atılan gün 1 Haziran. Tweet atan kişi sayısı: 1.7 milyon.

YNK LABS firmasının araştırmasına göre:

- Mesajların çoğu AKP hakkında negatif yönde

- En çok #direngezi #occupygezi #direntaksim içerikli tweetler atıldı.

- Olayları sansürsüz veren HALK TV ve CNN International linkleri en fazla paylaşılan linkler

- Recep Tayyip Erdoğan, Duran Adam, Vali Mutlu en çok mesajlarda geçen kişiler

- En çok polis teşkilatı, İBB, sağlık personeli, avukatlar, DİSK hakkında konuşuldu.

- Cümle içinde geçen ortak kelimelere bakıldığında ise, "darbe"," faiz lobisi" yakıp, yıkmak gibi kelimeler kullanılmadı. "Eylem, ağaç, yeşil, çapulcu, gaz, direniş" kelimeleri kullanıldı.

- Mesajlar üzerinden "Enegram Davranış" modeline göre söylem dili ağırlıkla "barışçıl/arabulucu, yenilikçi, yardımsever, başarılı, meydan okuyucu" olarak tanımlandı.

- Sosyal Ağ Davranış Modellerine göre ağırlıkla, "Paylaşımcı, Taraftar/Fan, Sosyal Eleştiren/İsyankâr, Takipçi/Pasif Destekleyen" bir profil gözlemlendi.

- Twitter analizine göre en çok zarar görenler listesinin başında, "Recep Tayyip Erdoğan, AKP, polis teşkilatı, Melih Gökçek, Vali Mutlu" yer aldı.

- Twitter analizine göre en çok fayda görenler listesinin başında, "Twitter, Facebook, Redhack, Çarşı Grubu, CHP" bulunuyordu.

KONU:GEZI PARKI INFOGRAFIK YNKLABS

1- Yenilikçi %69
2- Yardımsever %71
3 Başarılı %3
4 Bireysel %17
5 Araştırmacı/Meraklı %32
6 Sadık % 46
7 Tutkulu %83
8 Meydan Okuyucu /Tehditkar %93
9 Barışçıl/Arabulucu %91

11. Sosyal Ağ Davranış Modellerine Göre Dağılım:

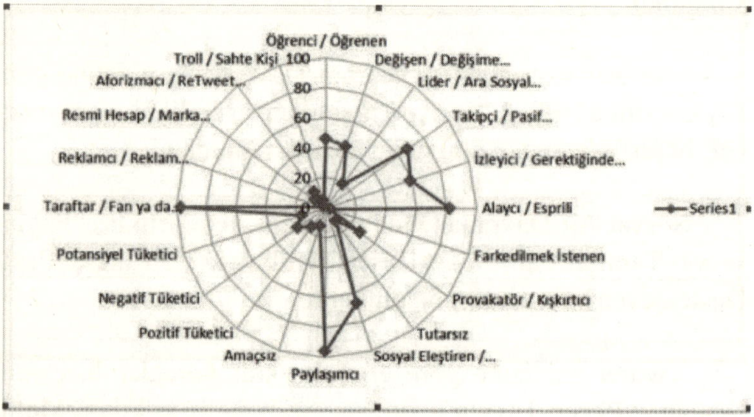

1- Öğrenci / Öğrenen	%46
2- Değişen / Değişime Uğrayan / Değişmek İsteyen	%43
3- Lider / Ara Sosyal Yönetici	%19
4- Takipçi / Pasif Destekleyici	%67
5- İzleyici / Gerektiğinde Katılımcı	%59
6- Alaycı / Esprili	%82
7- Farkedilmek İstenen	%3
8- Provakatör / Kışkırtıcı	%28
9- Tutarsız	%11
10- Sosyal Eleştiren / İsyankar	%67
11- Paylaşımcı	%96
12- Amaçsız	%13
13- Pozitif Tüketici	%16
14- Negatif Tüketici	%23
15- Potansiyel Tüketici	%17
16- Taraftar / Fan ya da Spor Tüketicisi	%97
17- Reklamcı / Reklam Yapan	%2
18- Resmi Hesap / Marka / Ünlü Kişi	%9

6 YNKLABS ON RAPOR 2

TWİTTER'DA GEZİ ve BASINA YANSIMASI/ REHA BAŞOĞUL-ANALİZ

Gün	Tweet Atan Kişi Sayısı	Atılan Tweet	Türk Basını Haber Sayısı	Dünya Basını Haber Sayısı
28 Mayıs 2013 Salı	5.491	6.903	56	
29 Mayıs 2013 Çarşamba	4.124	4.961	50	1
30 Mayıs 2013 Perşembe	85.751	129.069	50	2
31 Mayıs 2013 Cuma	562.437	950.743	37	11
01 Haziran 2013 Cumartesi	1.722.687	3.452.336	53	23
02 Haziran 2013 Pazar	1.294.308	2.459.475	26	31
03 Haziran 2013 Pazartesi	1.080.015	1.951.385	20	32
04 Haziran 2013 Salı	702.942	1.118.863	12	39
05 Haziran 2013 Çarşamba	394.035	593.926	14	30
06 Haziran 2013 Perşembe	81.560	105.969	65	28
07 Haziran 2013 Cuma	101.526	134.042	31	22
08 Haziran 2013 Cumartesi	177.290	274.216	41	5
09 Haziran 2013 Pazar	200.395	300.806	50	11
10 Haziran 2013 Pazartesi	147.705	231.909	51	13
11 Haziran 2013 Salı	624.561	546.681	84	30
12 Haziran 2013 Çarşamba	239.218	352.897	36	26
13 Haziran 2013 Perşembe	210.188	328.309	47	26
14 Haziran 2013 Cuma	165.118	249.732	44	22
15 Haziran 2013 Cumartesi	303.885	504.779	53	13
16 Haziran 2013 Pazar	431.006	687.132	36	18
17 Haziran 2013 Pazartesi	249.058	383.008	89	25

Reha BAŞOĞUL ANALİZ // Kaynak: http://siegearts.com/reports/tr/geziparki/

Gezi eylemlerinin, Occupy ve Arap Baharı eylemleri ile benzerlik göstermediğini anlamak için bu kaynaklara bakmamız sanırım yeterli olacaktır. Yukarıda yayınladığımız veriler üzerinden, "Gezi eylemcileri kendilerini nasıl tanımlıyor? Talepleri Nedir?" sorularının yanıtı ile yine yukarıda özetle yayınladığımız Occupy ve Arap Baharı eylemcilerinin tanım ve taleplerini kıyaslayabiliriz. Bu karşılaştırmada benzerlikler olmadığını anlıyoruz.

"Eylemler neden çıktı?" karşılaştırması da yapmalıyız. Occupy ve Arap Baharı'nda, işsizlik, açlık gibi ekonomik nedenler ve bazı ideolojik grupların rejim değişikliği talebi dikkat çekiyor. Yıllardır dünyanın en pahalı benzinini kullandığı hâlde sokağa çıkmayan Türkiye'de Gezi eylemlerinde ise durum farklı.

Occupy, küresel ekonomik kriz nedeniyle ve Wall Street'in işgali ile başlıyor.

Arap Baharı, meyve sebze satıcısı olan işsiz bir üniversite mezununun, satış arabasına polisin el koymasından sonra kendini ateşe vermesi ile başlıyor.

Gezi Olayları, Gezi Parkı'nda ağaçların kesilmek istenmesi üzerine başlıyor.

Ayrıca, "Gezi, Occupy ve Arap Baharı'nı planlayıp organize eden Canvas/Otpor'un bir organizasyonudur," tanımını yapanların açıklaması gereken bir konu var: Gezi Parkı'nda ağaçların kesilmesi, zabıtalarca eylemcilerin çadırlarının yakılması, ardından polis şiddeti ve Başbakan'ın sert açıklamalarının Otpor'la bağlantısı nedir? Zira bilindiği gibi Gezi eylemlerinin başlaması ve geniş kitlelere yayılmasının temel nedenleri bunlar.

Diğer bir referansımız ise -ki bu eylemlerin kimlik kartı sayılabilir- kullanılan sloganlar ya da duvar yazıları. Gezi eylemlerinde dünyadaki diğer eylemlerde rastlamadığımız, tamamen farklı, özgün bir kimlik, coşku, tavır ve yine diğer eylemlerde olmayan neşe ve ironi kendini hemen gösteriyor. Dikkat çeken bir başka konu; sloganların hem Türkiye'ye özgü kelimeler içermesi, yani yerel ifadeler ("Direnip Duru Gari" "Diren La Angara" gibi) hem Batı'nın kelime dağarcığını da kapsıyor olması ("Red Hot Chili Tayyip" ve "Everyday I'm Chapuling" gibi).

GEZİ KİMLİK KARTI
SLOGANLAR/DUVAR YAZILARI

Her Yer Taksim, Her Yer Direniş

***

Biz Ağaç İçin Köşk Yürüten Ata'nın Çocuklarıyız

***

Geleneksel Biber Gazı Festivaline
Hoş Geldiniz

***

Orantısız Güce Orantısız Zekâ

***

Sahibinden Satılık İkinci El Toma

***

Red Hot Chılı Tayyip

***

Biber Gazı Cildi Güzelleştirir

***

Gaz Yemeyene Kız mız Yok!

***

Tencerem Var Tavam Var

***

Gta'da Polis Döven Nesile Bulaştın

***

Tayyip, Wınter Is Coming

***

Kızımız Olursa Rennie,
Oğlumuz Olursa Talcid

***

Küfürle Değil İnatla Diren

Bir Porsiyon Gaz Yedik, Direndik Elhamdülillah

***

Diren İsyanbul

***

Yol Ver Gelsinler, İnsanlık Görsünler

***

Kaçan Başbakan Büyük Olur

***

Bas Gaza Yavrum

***

Suyum Geldi Toma

***

Toma Or Toma, İşte Bütün Mesele Bu

***

Ali Ayşe'yi Direnirken de Seviyor

***

Biz Biber Gazına Çiğdem Diyoruz

***

Aranızda Helikopter Kullanmayı
Bilen Var mı?

***

Bizdeki Bu Ağaç Sevdası Zamanında
Astığınız Fidanlar İçin

***

Abdest Alacağız, Toma Gönderin

***

Dün Gece Çok Çeviktin Polis!

***

Allah'ını Seven Defansa Gelsin!

***

Bu Gaz Bi Harika Dostum!

Baba Sınıfımı Geçince Bana
Bisiklet Değil, Gaz Maskesi Al

***

Nihat Bi Dur, Zaten Ortalık Karışık

***

Tüp Kaçağını Çakmak Yakarak Kontrol Eden
Bir Milleti Biber Gazıyla Korkutamazsınız!

***

Çirkin Kadın Yoktur, Az Gaz Vardır

***

Mahalleme, Meydanıma, Ağacıma, Suyuma,
Toprağıma, Evime, Tohumuma, Ormanıma, Köyüme,
Kentime, Parkıma Dokunma!

***

Sıkma Demiyorum, Hobi Olarak Yine Sık

***

Everyday I'm Çapuling

***

Penguenler De Bizi Görecek mi?

***

Mülk Allah'ındır. Sermaye Defol!

***

Hepimiz Fidanın Taksim'de Açan Gülleriyiz

***

Kavun Gazı Sıkında Rakı ile Gelelim

***

Ver Gazı Ver Gazı

***

Böyle Bir Dünyaya Çocuk Getirmek İstiyorum

***

Diren La Angara

Direniş Değil, Diriliş

***

Biz Sinek İlacı Aracının Arkasından Koşmuş Nesilleriz, Gaz da Neymiş?

Milli İçeceğimiz Biber Gazı, Ne Ayranı

***

Barikat Yolu Tıkar Ama Önümüzü Açar

***

Diren Gazi Parkı

***

155 Beni Ara

***

Taksim'de Kal, Gaza Gelme, Bırak Gaz Sana Gelsin

***

Üç Gündür Yıkanamıyoruz, Toma Gönderin

***

Orama Toma, Burama Toma

***

TC'yi Kaldırdın, Ama Ayağa

***

Çare Drogba

***

Haberim Yokmuş Gibi Sık Kanka

***

Basenlerim Eridi, Sağol Toma

***

Pomabahçe Ayakta

***

Çadırın Yüzde Ellisini Zor Tutuyoruz

***

Hiçbir Parti Altında Direnmiyoruz, Biz Halkız

***

Sizde Toma Varsa Biz de Drogba Var

Atılan Gaz Bombası ya Ameliyatlı Yerime Gelseydi Sık Bakalım, Sık Bakalım, Biber Gazı Sık Bakalım, Copunu Bırak, Kaskını Bırak, Delikanlı Kim Bakalım

***

Mustafa Keser'in Askerleriyiz

***

Buralara Yaz Günü Gaz Yağıyor

***

Kapitalizm, Gölgesini Satamadığı Ağacı Keser

***

Polis İmdat Değil, İmdat Polis!

***

Ne Sağcıyım Ne Solcu, Çapulcuyum Çapulcu

***

Şu An Evde Zorla Tuttuğumuz
En Az Yüzde Elli Çadırlı Genç Var

***

Ekmek Bulamıyorlarsa Biber Gazı Yesinler,
R. Tayyib. Antoınette

***

Biber Seni Çağırıyor

***

Tayyip Ç... Bir Gezi Polisiyesi

***

Re-Cop Tazyik Gaz-Doğan

***

Slogan Bulamadım.

***

Her Genç Bir Gün Biber Gazını Tadacak

***

Toma, Bekleme Yapma, Toma, Kime Söylüyorum!

***

Biber Gazı İlkte Yakıyor Ama Sonra Alışıyor İnsan

Biber Gazı Sıkmadan Ağlatan Tek Polis: Behzat Ç.

***

Biz Akp'siz Dine, Chp'siz Ata'ya, Mhp'siz Vatana, Bdp'siz Kürde Sahip Çıkarız. Biz Halkız

***

Biber Gazı İşinde Çok Para Var

***

Biber Gazı mı? Sık Ildık

***

Alex Gitti, Sen mi Gitmeyecen

***

Tomanın Şifresi Neydi?

***

Gözüne Rimel Değil, Limon Süren Kadın Güzeldir

***

Antartika Direniyor-Penguenler Cemaati

***

Gezi'ye Doğru İşgali Göreceksin, Sakın Şaşırma

***

Biz Değil, Polis Eve Dönsün

***

Üçüncü Ayyaş Biziz

***

Sarışınlar da Direniyor

***

Ampul İle Değil, Cumhuriyet İle Aydınlanırız

***

Rabbime Sordum, "Direniş" Dedi

***

Rıza Baba Ve Ekibi, Nerdesiniz?

***

Kafamız Ayık, Ayranımız Yayık

Polis Kardeş, Gerçekten Gözümüzü Yaşartıyorsunuz

***

Yeter Artık, Polis Çağıracağım Bak!

***

Halka "Koyun!" Dediniz, Halk Koydu!

***

Türbana Da Alkole De Özgürlük

***

Her Yer Maksim, Her Yer Gaz-In-O

***

Tarikat, Barikat, Hakikat

***

Biberi Bal, Meydanları Dar Eyledik

***

Bizim Gibi Üç Çocuk İstediğine Emin misin?

***

Sinirlenince Çok Güzel Oluyorsun Türkiye!

***

Yandaş Pirzola İstemiyoruz, Diren Antrikot!
Kuzuların Sessizliği

***

Yaşasın Tam Bağımsız Kurukahveci Mehmet Efendi

***

Anneler Çocuk, Çocuklar Devrim Yapar

***

Ben Üç Çocuk Yaparım, Sen İstediğin İçin Değil,
Seks Yaptığım İçin

***

Le Cola İle Büyüyen Nesilin Yeni İçkisi, Le Gaz

***

Biz Duygusal Çocuklarız, Biber Gazına Gerek Yok

Ekonomi Tavan Yaptı, Kişi Başına Düşen Toma Miktarı İkiye Yükseldi

***

Orantılı Güç İşte, Tomalar İkiye İki Yakalanmış

***

Biber Gazı Bize Kafa Yapıyor

***

Donumuz Siyasetten Daha Temiz

***

Yeşil Gezi Parkı Bizimdir
Diren Seferoğulları - Diren Tellioğulları

***

Yok Anne, Biz Arkalardayız Zaten

***

Chemical Tayyip

***

Yazı Yazcam, Boş Duvar Var mı Abi?

***

İstanbul İçin İsyan Vakti

***

Bizi İçki Değil, Ayran Bozdu

***

Hiçbir Parti Altında Direnmiyoruz, Biz Halkız

***

Hükümet Yıkılsın Yerine Avm Yapılsın

***

Kiralık Duvar, Renkli Yazın Lütfen

***

Tomalı Hilmi Caddesi

***

"Bedava Gaz Var" Dediler Geldik

***

AKP Taksim'de Bedava Gaz Dağıtıyor, Koş Yandaş

Anamızı da Aldık Geldik!

***

Bas Gaza Yavrum!

***

Gazdan Korksak Osurmazdık!

***

Kafası Kıyak Gençlik

***

Sokaktaki Hayvanları Gazdan Koruyun

***

Doğayı Sev Tayyibi Öp

***

İki Ayyaşın Torunları Burada

***

Just In Biber

***

Gazları Sabri'ye Attırmayın

***

Toma'tes Biber Patlıcop

***

Recep Tazyik Gazdoğan

***

Neredesin Spartacus?

***

Bütün Ayyaşlar Toplandık!

***

Üç Çocuk Yapamadım Yaşım Küçük, Biber Al Bana

***

Kurtuluş 2.0 Yükleniyor

DÖLLENME

"Tohum Toprağa Düştü"

2. BÖLÜM
GEZİ NEDEN OLDU?

"Gezi Neden Oldu?" sorusuna yanıt verebilmek için tarihte bir yolculuk yapmamız yerinde olur. Bu bölüme Gezi'den önceki "Döllenme Zamanı" diyebiliriz. Eylemlerde kullanılan sloganları birer anahtar gibi kullanabiliriz. Bazı sloganların bu tarihsel sürecin sonucu ve özeti gibi durduğunu düşünüyorum.

KAHROSUN BAĞZI ŞEYLER!

"Kahrolsun bazı şeyler!" Gezi eylemlerinin en karakteristik sloganlarından biri oldu.

Bazı; isimlerin sayılarını ve miktarlarını kesin olarak değil, yaklaşık, aşağı yukarı, belli belirsiz bildiren sıfatlar arasında yer alan bir "belgisiz sıfat' olarak tanımlanır. Gönderme yapılan olay, olgu, kişi, nesne belirsizdir.

"Kahrolsun bazı şeyler!" II. Dünya Savaşı sonrasında yaşamaya başladığımız, filozof, sosyolog ve psikologların tanımlamakta zorluk çektiği, ortak bir tanım oluşturamadığı "Post-Modern" dönemin hem kimlik tanımı hem dönem eleştirisini kapsar nitelikte. Post-Modern dönem için herkesin farklı tanımlar yapması, tanım yapanların tanımlarda uzlaşamaması hem ortada hakiki bir tanım olmadığını hem de tanımlayamadığımız her şeye "Post-Modern" demek gibi bir kolaylık sağladığını gösteriyor bize. Ama şu noktada uzlaşabiliriz; bu dönem kesinlikle tanımsız ve kimliksiz bir dönem.

20. yy.dan biraz daha geriye gidelim ve kendi kişisel maceramızı tanımlar gibi o dönemleri hatırlamaya çalışalım şimdi.

18. yy.da başlattığımız "Aydınlanma Çağın" da aklın özgürleşmesi ve toplum yaşamında, yaşamın merkezine alınmasına büyük emekler sonucu karar verdik. Aklın özgür hareketinin önünde bir engel olarak duran "ideolojik din"i eleş-

tirerek "Modern Dönem"i başlatmış olduk. Modern dönem hem 'bilmeye' dönük bir yöntem değişikliği hem özel alan ile kamusal alan arasındaki kesin ayrımı koyduğumuz bir dönemdi bizim için.

"Aydınlanma çağı"nın kurucu filozoflarından olan Kant, aklı tanımlarken, bilincin kendi içindeki tasarımlarını topluma yansıtmasına ve baskı kurmasına bir itirazda bulunuyor, insanlar arası ilişkide aklın işleyişini konu ediniyordu. Ve Kant aslında aklın yasa koyucu niteliğini mevcut baskıların ortadan kaldırması için öneriyordu. Bu bir anlamda, "Aklı kullanalım ama insan için kullanalım, bu bir baskı unsuru hâline dönüşmesin, insanla insan ilişkisi arasında yaşamı kolaylaştırıcı olsun," diyordu.

"Yağmur nasıl yağıyor? Depremlerin nedeni nedir? Hastalıklarımızla nasıl baş etmeliyiz? Galaksimizde ve evrende neler oluyor?" gibi önemli sorularımız vardı. Bu soruların yanıtını metafizik yöntemle bize sunan bilgi otoritelerine, yani ruhban sınıfı dediğimiz yönetici dini liderlere, gruplara artık itiraz ediyorduk.

Doğanın yasalarını bilmek ve doğaya akıl aracılığı ile yön vermek bizim için bir anlamda "insan aklı doğadan üstündür, akıl özgürleşirse insan özgürleşir' anlamına geliyordu. "Aklını kullanma cesareti göster," cümlesi bu dönemin mottosuydu. Doğayı dönüştürme çabasıyla insan aklı, hem doğa karşısında kendini daha güvende hissedecek hem kendi aklı vesilesiyle kendini geliştirip, dönüşecekti.

Bir anlamda öyle de oldu. Yaşamamızda bir kazanım olarak duran ve her gün geliştirmeye devam ettiğimiz bilgi dünyasının verilerini "Modern Dönem"de gerçekleştirdiğimiz bu atılıma borçluyuz. Mesela, bugün doğa yasalarını bilmenin ödülü olarak dünyanın bir ucundan diğer ucuna bir uçak aracılığı ile seyahat edebiliyor olmak bu kazanımlardan yalnızca biri. Teknoloji her geçen gün daha büyük gelişmelerle hayatlarımızı kolaylaştırmaya devam ediyor. Tüm bu gelişmelerde aslında tanık olduğumuz şey, kendi aklımızın gelişimi ve görünümü gibi duruyor. Uzay mekiği, metro, büyük sanayi araçları, silahlar, televizyon, bilgisayar... Bunların tamamında kendi aklımızı seyrediyoruz.

Aklımızın bu denli güçlü ve olumlu verilerle karşımızda somut bir yeti olarak duruşu bize doğal olarak güven vermekteydi, hâlen öyle. Bu güven aynı dönemde aklın belirlediği hukuk yasaları ile özel alan ile kamusal alanın ayrışmasında da kendini gösterdi.

Her varlık tarih sahnesinde olay ya da olgu olarak yerini alırken, beraberinde bir yokluğu da diyalektik (karşıtların birliği) zorunluluk olarak getirir. Bir şeyler hayatımıza kazanım olarak girerken, beraberinde getirdiği olumsuz etki de hayatımızı etkilemeye başlar. Bu zıtlık, zıtların birliği, tarihte daha önce de gerçekleştiği gibi "Aydınlanma Çağı"nda da kendini gösterdi.

Her şeyden önce, akıl adına ortaya atılan "doğayı ve toplumu değiştirme" talebimizde tüm bireylerdeki aklı eşit ve tek olarak düşünüyorduk. Bu ise tek tip (homojen) bir toplum ideali ortaya çıkarıyordu. İşte kapitalizmi böylece tarih sahnesine çağırmış olduk. Avantajları ve dezavantajları ile bugün hâlâ karşımızda duran bu sistem, üretimi rasyonelleştirmiş, bu ise verimliliğin ve üretkenliğin en üst seviyelere çıkmasını sağlamıştı. Ücretli işçilerin emeğini yasal olarak satabilme "özgürlüğü", teknolojinin rasyonel ilkelere dayalı üretime geçişi, işçilerin ev ve işyeri arasındaki hayatının kamusal ve özel yaşam olarak ayrılması kapitalizmin sunduğu olumlu katkılardan bazıları oldu.

Tarihi aklın serüveni olarak değil, "Şimdiye kadarki bütün toplumların tarihi, sınıf savaşımları tarihidir," yorumu ile okuyan Marks ve devamında Frankfurt Okulu'ndan kapitalizme haklı olarak eleştiriler yükseldi: "Üretim biçimlerini;

üretici güçler ve üretim ilişkileri belirler. Kapitalizmde üretim araçlarına ve sermayeye burjuva sahiptir. Sistem burjuva sınıfının çıkarına çalışmaktadır. Metaların bir kullanım değeri bir de piyasa içindeki değişim değeri vardır. Değişim değeri, yeni bir meta üretmek amacıyla satın alınan metanın yarattığı ekstra değişim değerinden oluşur. Emek gücünün kendisi kapitalizmde bir meta hâline gelir. Emek gücünün değişim değeri ücret olarak yansır, fakat bu da kapitalist için kendi ürettiği değerden daha azdır. Bu farklılık 'artı değer' yaratır ve kapitalistin sermaye birikimini ve kârını oluşturan. İşte bu değişim değeri metanın "fiyatı"dır."

Ortada bir haksızlık vardı. İnsan emeğinin ürettiği değer birilerini zenginleştiriyor, emeğin sahibini ise yoksullaştırıyordu. Kapitalizm denilen sistem, emekçilerin ürettiği değerle her geçen gün daha da zenginleşen insanlar sınıfı yaratıyordu. Zenginlerin zenginliği ve yoksulların yoksulluğu böyle şekilleniyordu.

(Gezi Parkı'nda Karl Marx, "Kapitalizm gölgesini satamadığı ağacı keser.")

Ayşe Acar

"AKIL, İNSAN İÇİN Mİ VARDIR?" "İNSAN, AKIL İÇİN Mİ VARDIR?"

Modern dönemde aklın özgürleşmesi ile çıktığımız yolda, "Akıl fayda ve güvenlik için yalnızca bir araçtır," diyerek, Frankfurt Okulu'nun tanımlamasıyla aklı "çelik kafes"e hapsetmiş olduk. Aklın araç hâline dönüşmesinden kasıt, aklın insana değil, onun özgürleşmesi, daha iyi ve eşit koşullarda yaşamasına değil, doğayı ve insanı yok ederek, yok sayarak "sisteme" çalışması anlatılmakta. Aklı araç hâline getirmemiz, onun tarihsel rolünün dışına atılmasına ve kapitalist sistemin pekiştirip devamlılığını sağlanmasına katkı sundu. Aynı zamanda insani tutkularımızı "güvenirlilik" ve "fayda" adına bastırmamıza da neden oldu.

Sorun, özelde insan aklı, genelde ise "insan" tanımının nasıl yapıldığı ve bu zeminde toplumsal yaşamı düzenleyen ilkelerin neler olması gerektiği sorunu idi.

Sorunu aşacak somut bir çözüm getiremedik. Bu süreçte kapitalizmin kültür endüstrisini var ettik. Endüstrinin kurucuları bize şöyle sesleniyordu: "Sermayenin ihtiyaçlarına değil, sizin ihtiyaçlarınıza hizmet ediyoruz." Bu söylemi ve kurucularını suçlayarak suçu onlara ihale etmek bize bir fayda sağlayamayacağı gibi, gerçeği görmemizi de engelleyebilir. Kabul etmek gerekir ki, biz insanı öncelemeyen ihtiyaçlar listesine sıkı sıkı sarılmamış olsaydık bu Endüstrinin var olması pek mümkün değildi. Kabul edelim; ne yiyeceğimizden, nasıl giyineceğimize, hangi müziği dinleyip, hangi kitabı okuyacağımıza bizim adımıza karar verilmiş olması bizi rahatsız etmiyordu.

Biz; kapitalistler, liberaller, cumhuriyetçiler, sosyalistler, milliyetçiler, dindarlar, deistler, ateistler, köylüler, kentliler, "Fakat adamlar yapmış arkadaş," diyerek kültür endüstrisinin ürünlerini tüketiyorduk. Haklı olduğumuz yan şu idi: Gerçekten rasyonel akıl, kapitalist kültür inşasına aracı olan tüketilesi ürünler üretiyordu: Televizyon, bilgisayar, telefon, buzdolabı vb. Bunu ret ettiğimizde oturduğumuz koltuğu masayı ret ediyor, tel dolabında yiyeceklerin kısa sürede bozulmasına "evet" demiş oluyorduk.

Kapitalizm denilen sistemde birer köleye dönüşürken sistemin endüstrisi bize önemli araçlar sağlıyordu. İçinde bulunduğumuz çelişki tam bir trajediydi.

Sanayi Devrimi'yle aklımız yüksek teknolojide silahlar üretebiliyordu ama o silahlarla kendimizi de öldürüyorduk. Daha güvende ve konforlu yaşamak için makineler üretiyorduk, fakat aynı zamanda makinelerde yer alan bir dişliden farkımız kalmıyordu. Makineler bizim için değil, biz makineler için vardık. Kendi üretimimizin bize karşıt durması aynı zamanda kendi emeğimize yabancılaşmamızı sağlıyordu.

Tek tip akıl bize aynı kişi olmayı dayatıyordu. Güzel kadın olmanın standartlarını ve bu standartlara ulaşmanın yöntemini belirlemiştik en başta. Erkek olmak için belirlenmiş standartlar hazırlamamız da çok vaktimizi almadı. Kadın ve erkek diye standartlar ayrışınca doğal olarak belirleyici unsur bedenlerimiz oluyordu. Tutku kelimesinin yerini hırs, özgürlük kelimesinin yerini keyfilik, insan kelimesinin yerini beden, yani kadın ve erkeğe bırakıyorduk.

Kapitalizmin yaşamak için ihtiyaç duyduğu "tüketim" çarkına girmek için standart kadın, standart erkek olarak ayrışırken, kapitalist sistemin yaşamasına katkı sağlamak içinse yalnızca beden olmamız yetiyordu. Göreceli sanal bir "eşitlik" algısı yaratılarak insan aklı kamusal otoritenin disiplini altına alınıyor ve biz cinsiyetsiz robotlar hâline dönüşüyorduk.

Robotlaşma süreci çocukluğumuzla başlıyordu. Okullarda aldığımız öğretim yaşamımızı toplum içinde sürdürmek için büyük kazanımlar sağlıyordu evet. Fakat hepimizin aynı yöntemle öğretime tabi tutulması ve bu sistemde değerler eğitiminin var olmayışı bizi tek tip bireyler olmaya zorluyor, insan olmanın doğuştan getirdiği değerlerle bizde bir çatışma doğuruyordu. Vicdanımız kapitalist sistemde bir zaafa dönüşüyordu böylece.

Sistemin içinde biz yalnızca kırmızı ışıkta kaç saniye durması gerektiği belirlenmiş birer nesne/şey, robot hâline dönüşüyorduk. Bir çatışmanın içerisinde olduğumuz kesindi. Okulda, metroda, markette, fabrikada, trafikte nasıl davranmamız gerektiği toplumsal ilişkilerin sağlıklı devam etmesi için belirlenmiş kurallar bütünü olarak radyodan, televizyondan, gazeteden, megafonlardan sürekli anons ediliyordu. *"Kırmızı ışıkta durmak benim ve diğer insanların hayatını koruyordu."* Bunun gerekliliği biliyor olmak kendi içimizde bir çatışma yaratıyordu. Bu, bunu dayatan sistem kurucuları ve biz arasında olan çatışmadan daha derindi.

Aklımızın endüstride kendini göstermesinin bir sonucu olarak televizyonu icat edebiliyorduk. Modernizm ise bizi kapitalist sisteme uyumlu hâle getirmek için televizyon giren her yerde bir kültür inşası yapıyordu. Kültür endüstrisinin "endüstri" bölümünü makul buluyor fakat kapitalist sistemin devam etmesi için icat edilen "kültür" bölümünde bocalıyorduk. Ne modernizmin kölesi olmak istiyorduk ne de "Modern Dönem"in kazanımlarından vazgeçmek istiyorduk.

Yaşadığımız bir kaostu. Haklı olarak Doğu'dan, fakat özellikle Batı'dan modernizme ve akla eleştiriler yöneltmeye başladık. Aslında ihtiyaç duyduğumuz şey modernite ile modernizmin tanımlanarak ayrıştırılmasıydı, bunu başaramadık. Oysaki modernite ile modernizm arasındaki ayrımı fark etmek bize bir kumanda kadar yakındı. Neyi izleyeceğimize esasında kapitalizm değil biz karar veriyorduk. Televizyon kumandasına giden elimizin özgür iradesi bizi fert/birey/yetişkin insan yapan şeydi.

(Ana akım medyanın televizyon aracılığı ile yıllardır insanlara seslenişi, izleyenlerin genel bir eğilim olarak bu büyük medya kuruluşlarını izleme eğilimleri ilk kez Gezi eylemleri sırasında sekteye uğradı. Tüm dünya medyası Gezi olaylarına dikkat kesilirken, Gezi olaylarını yayınlamak yerine penguen belgeseli ya da farklı yayınlar yapmayı tercih eden büyük medya kuruluşları bu nedenle "Penguen Medya" ismi ile anılmaya başladı. İzleyici doğru bilgilenmek için belki de ilk kez "televizyon kumandası"nı bu kadar kararlılıkla kullandı ve daha önce izlemediği küçük yayın kuruluşlarını izleme alışkanlığı edindi.)

Modernite, rasyonel aklın şimdiki zamanda görünümünü, yani televizyonu ret etmeden kumandayı, yani özgür iradeyi kullanmak anlamına geliyordu. Bunu başaramadığımızda televizyonu üreten biz, kendi ürünümüze hem yabancılaşıyor hem kölesi hâline geliyorduk.

Hüviyet/kimlik, hangi zamanda dünyaya doğduysak zorunlu olarak o zamanın aklı ile özgür irademizin buluşmasıyla gerçekleşebilirdi. Fakat bu buluşmayı tarihe bir gerçeklik olarak çağıramadık. Belki de çağırabilmek için uzun bir zamana ihtiyaç duyuyorduk.

Post-modern süreci modernizm eleştirileri üzerine inşa ettik fakat modernizm karşısında yeni bir tanım getiremedik ve bu kimliksizlik bizi sanal kimlere yönlendirdi. Bazılarımız siyasi ideolojilere, bazılarımız bilimi bir tapım aracına hâline getirip bir nevi dine tapar, ideolojilere bağlanır gibi bilime ve bazılarımız ideolojik dinlere sıkı sıkı sarıldık.

Şimdiki zamanda var olamamanın sarsıntısı kendimizle kendimiz olmayan biz arasında bir uçuruma dönüşüyordu böylece. Doğu'da Batı'da hepimiz bir anlam yitimine uğruyorduk. Her birimiz kimliksiz birer "bazı şeyler" dönüşmeye başlamıştık.

YOL VER GELSİNLER, İNSANLIK GÖRSÜNLER

Tam bu noktada "nihilizm" tanımını biraz detaylandırmak post-modern dönemi anlamamıza yardımcı olabilir:

NİHİZLİZM: Modernizm Başyapıtı-Post-Modernizm Ahlakı

Nihilizm (hiççilik) öğretisi felsefenin alt başlıklarında şöyle geçiyor:

1- Bilgi Felsefesinde: Her türlü bilgi aldanmadır.

2- Ahlak Felsefesinde: İnsan eylemlerini değerler belirlemez. Değerler yoktur.

3- Varlık Felsefesinde: Hiçbir şey sürekli var değildir.

Öğreti filozof Nietzsche ile birlikte anılıyor. En tanınmış temsilcisi Nietzche'dir demek daha doğru. Onun, yeryüzünde en yanlış anlaşılmış filozofların başında geldiği çok sık söylenir. Ünlü sözü, "Tanrı Öldü!" ile ideolojik dinlere, insanı köle hâline getiren din anlayışına, bu anlayışın tanrısının öldüğüne dikkat çekerken, "İnsanları dinsizliğe sürükledi," denildi ve eleştirildi. "İnsan kendisinin efendisi olmalıdır," derken, güç istencini birey için tanımlarken, "Bu tanım Nazi ahlakını oluşturdu," denildi ve eleştirildi.

Evrensel değerlerle yerel (geçici değer) ayrımı yapmadan mevcut tüm değerleri eleştiren Nietzsche, değerlerin yok sayıldığı anlam dünyasına değerler yerine yeni bir tanım koyamadı. Nietzsche modernizmin eleştirilmesine olumlu anlamda büyük katkılar sağlarken, felsefesini yarım yamalak idrak eden anlayışlarda büyük kayıplar meydana geldi. Bu kayıpların yarattığı zemine nihilizm diyebiliriz.

Özetle manifestosu şöyledir: "Evrensel değerler tanımı yoktur. Geleneksel, eski değerler çökmüştür, Eski değerleri bırakıp, yeni değerler yaratmak lazım. Bunu yapabilen insan, üstün insandır, bu sebeple özgür insandır. İnsanlar güçlü ve zayıf diye ikiye ayrılır. Güçlü insan 'efendi'dir, zayıf insan ise 'köle'dir. Köle ahlakı insanların zayıflıklarını ön plana çıkarır, efendi ahlakı ise güç istenci ile oluşan üstün insan ahlakıdır."

Bu tanımda belki de en dikkat çekici konu; efendi-köle ilişkisi. Üzerinde biraz durmakta fayda olabilir. Yine tarihi bir hatırlatma yapalım kendimize.

EFENDİ-KÖLE DİYALEKTİĞİ

Efendi ve köle, modernizm ve post-modernizm öncesinde de karşımıza çıkan iki kelime çifti idi. Efendi-köle diyalektiğini "Aydınlanma Dönemi" (18.yy) öncesinde de yaşamıştık. Efendi; doğa, köle; insandı 18.yy öncesinde. Doğanın yasalarını büyük ölçüde bilemediğimiz dönemlerde doğa karşısında gücümüz yetersizdi. Doğayı kendimiz için nasıl değerlendireceğimizi, dönüştüreceğimizi bilmediğimiz için efendimiz doğanın gücü ve ihtişamı geleneklerimize, alışkanlıklarımıza, ürettiğimiz felsefe ve sanata yön veriyordu.

Aydınlanma döneminde aklı özgürleşmeye çağırdık. Efendi-köle diyalektiğinde aklımız doğaya sorular sormaya başladı. Newton, Galileo, Kopernik ve daha nice bilim insanı hepimiz adına doğadan bazı yanıtlar aldılar. Ve efendi-köle çifti zamanla yer değiştirdi. Efendi; insan aklı, köle; doğa oldu. Doğayı kavrıyorduk. Doğayı kavramak, insanın kendi aklını kavramasına da bir anlamda yol açtı. Biz doğayı dönüştürürken, doğa da bize yön veriyordu. Bu değişikliğin sanata, felsefeye yansımalarını bu dönemde de gösterdik.

Modernizm ve Sanayi Devrimi'ni gerçekleştirmemizle efendi-köle diyalektiği tekrar karşımıza çıktı. Bu kez doğayı bilme ve dönüştürmeyi diğer insanlarla olan ilişkilerimizde görmeye başladık. İnsan-insan karşılaşmamızda, efendi; yönetici olarak kapitalizmde sermayedar-siyasi iradeler, köle; yönetilen olarak işçi-halk olarak karşılaştık. Politika, hukuk, bilim, felsefe, din, sanat, ahlak ve hatta estetikte "ideolojiler" böylece tarihte yerini aldı.

Post-modern dönemde bu kez efendi-köle karşılaşmasını her birimiz kendi içimizde yaşamaya çağırdık; "İnsanlar güçlü ve zayıf diye ikiye ayrılır. Güçlü insan 'efendi'dir. Zayıf insan ise köledir. Değerler mevcut değildir. Geleneksel değerler çürümüştür. Bu çürümüşlüğü bırakabilen insan, üstün insandır. Üstün insan, özgür insandır." Her birimizin içten içe, "Köle değil efendi olmak istiyorum," demeye başladığı post-modern dönemde değerler yavaş yavaş bizden ve doğal olarak insan ilişkilerimizden uzaklaşmaya başladı. Efendi tanımında kastedilen tam olarak ne idi? Bu tam olarak anlaşılmış bir konu değil. Efendiden bu dönemde anlaşılan yalnızca şu görünüm oldu: Hırs sahibi, başarılı, zengin, güzel, bilgili, eğitimli vb. insan isek efendi olabiliyorduk, geriye kalanlarımız bir türlü "köle" dairesinden çıkamıyorduk.

BİZ NE Mİ İSTİYORUZ?

Nihilizmde değerlerden kopuş temel konumuz oldu. Konu biraz daha detaylandırma ihtiyacı duyuyorum. Değer kelimesine bir tanım getirmeyi deneyeceğim önce:

Sözlükte, "bir şeyin önemini belirlemeye yarayan soyut ölçü, bir şeyin kıymeti" anlamına gelen değer sözcüğü bizim doğaya, yaşama, insana ve insan olarak kendimize hüküm verirken baktığımız pencere olarak tanımlanabilir.

Değer, "Bir şey, olay, olgu neye göre iyi ya da kötüdür?" sorusuna yanıt verirken, bir ilke olarak, "İşte buna göre iyi ya da kötü," dediğimiz ve soruyu soran kişinin de aynı ilke kendisinde de bir içgüdü ya da deneyim olarak mevcut olmasından kaynaklı bize, "Evet, şimdi haklısın," demesini sağlayan dayanak noktasıdır.

Kültürel değerlerle evrensel değerlerin ayrımı evrensel değerlerin tanımında açığa kavuşur; evrensel değer, her zaman, her yerde herkes için geçerli olandır. Kültürel, yerel, lokal değerler şayet evrensel değerlerin ilkelerini kendi içlerinde barındırıyorlarsa var olmaya devam edebilirler. Antropologlar bunun tam tersi, yani evrensel değerlere karşıt değerler taşıyan kültürlerin zaman içerisinde "doğal seleksiyon"a uğrayarak yok olduklarını söylüyorlar.

Bize, her birimize farklı kültürlerden dahi olsak, "Evet, şimdi haklısın," dedirten değerler hepimiz için geçerli olduğundan bu değerler üzerinde doğal olarak uzlaşırız. Herkes için geçerlilik ilkesi bizim doğuştan getirdiğimiz bir refleks niteliği taşır. Değerler doğa yasaları gibi "olmazsa olmaz" bir niteliktedir. Onlar olmadığında yaşamla, bizi yaşama bağlayan bağı koparma tehlikesi karşılaşırız. Doğa kendi dengesini, bu sebeple devamlılığını nasıl kendi içinde içgüdü gibi barındırdığı yasalara borçlu ise, insan da dengesini evrensel değerlere borçludur denilebilir.

Antropolog Robert Edgerton üç yüz uygarlığı inceleyerek tespit ettiği ve genel olarak altı maddede ifade ettiği evrensel değerleri şöyle sıralar:

-Gerçeğe Saygı

-Kişisel Bütünlük

-Hakkaniyet

-İnsan Onuruna Saygı

-Hizmet

-Sevgi

Evrensel ilkelerden bir ilke olan hakkaniyet, "haklı olana hakkını vermek"tir. Hakkaniyet, adalet ve hukukun özünü oluşturur. Adalet ve hukukun farklı çağlarda, farklı coğrafyalarda tanımı değişse dahi hakkaniyet ihtiyacı, talebi, tüm zamanları, coğrafyaları, kültürleri aşarak her zaman, her yerde herkes için mevcuttur. Bize yapılan en basit haksızlık karşısında iç dünyamızda bir refleks gibi açığa çıkan tepki hakkaniyeti evrensel kılar. Bu refleks insan doğamıza aittir, doğuştan vardır ve bu sebeple olmazsa olmaz bir nitelik taşır. Eğitimle edindiğimiz yalnızca, "Haksızlık karşısında neden tepki gösteriyoruz?" sorusunun mantıksal açıklaması ve hak-hukuk konularının toplumsal düzenlemesidir.

Evrensel ilkeler bizi yaşama bağlayan bağ niteliği taşırken, biz ancak bu ilkeler üzerinden, "Yaşamımın amacı nedir?" sorusuna yöneliriz. "Bu ilkeler bende mevcut olduğunda yaşamımda ne gerçekleşecektir?" Bu sorunun cevabı, "özgürlük"tür. Fakat dikkat etmek lazım, post-modernizmin de değerleri yok sayarak ulaşabilirsiniz dediği şey yine aynı, "özgürlük"tür.

İÇİM Bİ BAROK

Nihilizmin değerleri yok sayarak bizi çağırdığı "hiçlikte" bir sorun vardı. Hiçliği Doğu farklı, Batı farklı tanımlıyordu. Doğu'da kültür olarak hiçlik (Kelimesinin kadim anlamını, kavramsallığını bu tanımın dışında tutuyorum.) dünyadan el ayak çekmek, kendi varlığına dönmek anlamında kullanılıyordu. Kendi varlığına dönmek insanın vicdanını daha dirimli kılıyordu ve bu Doğu'nun olumlu yanını oluşturan bir vasıftı. Fakat Doğu'ya dair olumsuz bir gerçeklik de vardı. Akıl Batı'ya kaptırıldığı için örneğin sanayi gibi dünyaya dair üretimler yapılamıyordu. Batı'daki nihilizm tanımında ise hiçlik yaşamdan el ayak çekmek değil değerlerin yok sayılması anlamına geliyordu. Bunun sonucu ise savaşçı ruh, güçlü olmaya hırsla bağlılık, bencillik, üstün insan/efendi yani "özgür" olmaktı.

Nihilizmde özgür insan "sorumluluk alabilen yetişkin birey" değil "keyfi davranan kişi" anlamında kullanılıyordu. Davranışlarımızı artık belirleyen evrensel ilkeler, değerler değil, görelilik denilen şeydi. Einstein'ın "Görelilik Kuramı"nın insanlığa bir faydası vardı fakat insan ilişkilerinde ki görelilik, yani "sana göre doğru/iyi/kötü, bana göre doğru/iyi/kötü" tutumu her birimizi keyfiliğe itiyordu. Canımızın istediğini doğru, iyi, kötü bulma özgürlüğümüz vardı ama ortak bir ilkede, ortak değerler zemininde buluşmuyorduk. Dolayısıyla kimse kimseyi aslında dinlemiyor, kimse kimseyle aslında konuşmuyordu. Buna rağmen, görelilik mutlaklaştırılıyor, "Ben özgürüm, dilediğimi söylerim/yaparım," karakterimize dönüşüyor, böylece sorumluluğun olmadığı içi boşaltılmış bir özgürlükle yapayalnız savruluyor ve değersizleşiyorduk.

Hedefimiz efendi, üstün insan olmaktı. Kapitalizm bunu bir fırsat olarak değerlendirmesi ile üstün insan olmanın seçenekleri belirlenmişti. Güzel kadın, yakışıklı adam, zengin, çok eğitimli, çok bilgili, çok başarılı insan seçeneklerine yönelmekte özgürdük. Yeni değerlerimiz bunlardı, fakat bu jelâtin değerler "sana göre, bana göre" değildi. Standartları belirlenmişti. Bu büyük yarışta olmayı göze alanlar, üstün insan olma yolunda her şeyi yapabilecek kadar bencil olabiliyorduk. Hırs bencilliğimizin yakıtıydı.

Birileri bizi işaret ettiğinde bize "güzel, yakışıklı, zengin, başarılı, bilgili" diyordu artık. Sanki her şey bizim için yaratılmıştı. Başkalarının düşünce ve durumlarının biz efendiler açısından bir önemi yoktu. Saygıyı yalnızca bizim gibi üstün insan grubunda olanlar hak ediyordu. Narsisler kulübünde üstün insanlara yakışır şekilde yaşıyorduk. Kimlik bizim için; para, güzellik, kariyer, tanınır olmak demekti. Kendi varlığımızı ancak bu araçlarla başka insanlara kabul ettiriyor olmanın zevki en ufak bir sarsıntısı ile yüz yüze geldiğinde ise ölüm korkusu ile karşılaşıyor, kendimizi paralı, ama ağlama seanslarında, psikologlarda, spritüel ya da yaşam koçlarının yanında buluyorduk.

(Gezi eylemlerinde güzellik standartlarının belirleyicisi olan ürünlere ironi-komik bir eleştiri. Eylemlere katılma tecrübesi fazla olmayan modern kadınların sayısal çokluğu Gezi'de dikkate değerdi. Bu kadınlar, bir anlamda güzel kadın olmaya önem vermenin sokakta olmaya engel olmadığını da göstermiş oldular. Sol-sosyalist ideolojilerin eylemci kadına bakış açılarını yeniden sorgulamalarına yol açan bu durum modern kadınlar açısından da bir değişimdi: Biber gazı görüntülerine gölge düşürmüyor, ne giydikleri, nasıl göründükleri Gezici olmalarına bir artı ya da eksi sağlamıyordu. Görünüşleri ile değil kararlılıklarıyla insanlar Gezi'de yer alıyorlardı.)

Bencillik kulvarında koşamayanlar, olanakları izin vermeyenler ya da bu kulvardan diskalifiye olan bazılarımız ise kayıtsızlığın bir diğer versiyonu olan "kaybedenler kulübü"ne giriş yapıyordu. Bir tutam Diyojen taklidi, bir tutam arabesk kültürü harmanlayıp derin insan imajına teslim oluyorduk.

Ortak toplum rüyaları olan mitlerin yok edilerek kurmaca mitlerin yaratılması (Hollywood filmleri gibi) yaşamın psikologlara endeksli hâle gelmesi, beden taparlık, seks bağımlılığı bizi ya nihilizst-narsisler kulübüne ya kaybedenler kulübüne mahkûm ediyordu. "İçimiz bi baroktu."

Post-modern dönemde elimizden değerlerimiz alınmış, yerine koyduğumuz yeni kimlikler bizi sarsmaktan ve korkutmaktan başka bir işe yaramıyordu. Bu sarsıntı yalnızca kapitalizm çarkının içinde olan insanları değil, bir kimlik olarak ideolojiye hatta dine sarılan insanları da anlam yitimine sürüklüyordu. İdeolojiler içeriksiz iddialara, dinler yalnızca şekle indirgeniyordu.

Ya, "Bana göre sosyalizm, sana göre sosyalizm, bana göre İslam, sana göre İslam," söylemi ile duygusal göreliliği mutlaklaştırılıyorduk ya da "Sosyalizmin mutlak kuralları bunlardır, İslam'ın mutlak kuralları şunlardır," söylemi ile amaç ve ilkeselliği değil kendi idrakimizi mutlaklaştırıyorduk.

(Eylemlerde kullanılan "Tek Yol Devrim, Dinimiz Âmin" yazısı sosyal medyada günlük yaşamın yaygın kullanılan mottolarından biri hâline dönüştü. Eski kuşak sosyalistlerin ve dini çevrelerin uğruna pek çok çatışma yaşadığı iki ayrı söylem Gezi'de aynı cümle içinde buluştu. Cümlelerin ayrı ayrı katılaştırılmış kutsiyetlerini, yeni kuşak ironi ile karşıladı.)

SLOGAN BULAMADIM

Kimliğimizi tanımlamanın bir başka yöntemi olarak ideolojiler onlarca yıldır hayatımızda bulunmakta. "Kimlerdensin?" sorusuna bir şekilde yanıt vermemiz isteniyordu hep. "Sağcılardan, solculardan, milliyetçilerden, cumhuriyetçiler, liberallerden, muhafazakârlardan, anarşistlerden" mutlaka bir yerlerden olmamız gerekiyordu. Aksi takdirde "apolitik" ilan ediliyorduk. Apolitik olmak kimliksiz olmak anlamına geliyordu, bu kişilerin bir sloganı bile yoktu.

Değerlerin yokluğunda değerler yerine konumlanan ideolojiler yalnızca kendi görüşlerinin insanlığı kurtaracağını iddia ediyordu. Siyasi erki merkezde bulunarak elinde bulunduran bazı ideolojiler henüz dünyayı kurtarmayı başaramamıştı. Fakat savaşlar konusunda büyük başarılar elde etmişlerdi. Merkeze muhalefet eden ideolojiler ise dünyanın tinine dokunamıyor, bu ideolojileri destekleyen insanların sayısal oranında yıllar geçiyor ama bir artış gerçekleşmiyordu.

Sol-sosyalist ideoloji haklı olarak mevcut sistemi eleştiriyordu. Eleştirilerinin bedelini ağır ödeyen bu ideoloji yaşamın hakça paylaşımı için büyük tutkular barındırıyordu. Dünyada sokak eylemlerinde eylem kültürünü belirleyen, kapitalizmin ezici ağırlığı karşısında insanları uyarmaya uyandırmaya çalışan bu yaklaşım sistem karşısında güç unsuru olabilmek için kendi içinde katı kurallar ve tanımlamalar içeriyordu.

Ülkemizde sol geleneğin yaygın kullandığı bazı sloganlar bu durumu anlatmada bize fikir verebilir:

Susma sustukça sıra sana gelecek!
Direne direne kazanacağız!
Gençlik gelecek, gelecek sosyalizm!
Kahrolsun Amerikan emperyalizmi!

Sınıfa karşı sınıf, düzene karşı devrim, kapitalizme karşı sosyalizm!

Faşizme karşı omuz omuza!

Gün gelecek, devran dönecek, faşistler halka hesap verecek!

Sol-sosyalist ideolojinin yıllardır kullandığı sloganların tamamında bu ideolojinin manifestosunun haklı olduğu aşikârdı. Sorun, bu sloganları her türlü baskıya rağmen, sokaklarda dillendiren insanların söylemlerinin doğru olmasına karşın geniş kitlelerde karşılık bulamamasıydı. Söylenenler doğru olsa dahi geniş kitlelerin ruhuna temas edilemiyor, kitlelerde bir dönüşüm gerçekleşmiyordu.

Bu ideolojinin içinden dış dünyaya baktığımızda dışımızda olan dünya şöyle gözüküyordu: Duyarsız, apolitik, köle olmayı kabul etmiş, okumaktan bilgilenmekten uzak milyonlarca insan, kapitalizm çarkında modern köle ve oportünistler. Son tahlilde bilinçli ve örgütlü siyasal mücadelemiz bu dünyada insan gibi yaşamayı, hakça paylaşımı bir gün mutlaka gerçekleştirecektir.

İdeolojinin apolitik/kimliksiz insan tanımında, bilgisayar başından kalkmayan gençler, kapitalist eğlence mekânlarında zaman çürütüp sermayeye katkı sağlayan modernler, sermayenin bir illüzyonu ve uyuşturucu aracı olan futbolla duyarsızlaşan futbol taraftarları gibi insan grupları yer alıyorlardı.

Sol-sosyalist ideolojide insanlar doğuştan eşit haklara sahipti, bu sebeple dünya insanlarının eşit koşullarda yaşaması gerekiyordu. Fakat ne yazık ki insan doğası yetileri açısından bu denli standardize bir tanıma uyum sağlayamıyordu. Hepimiz cevher olarak bir akılla doğuyorduk fakat kimilerimiz Einstein'a, Marks'a, Hawking'e dönüşüp fark yaratıyorduk. Daha da kötüsü modern zamanlarda karşımıza çıkan "know how" (bir şeyi yapabilme bilgisi) sosyalizmin "iş gücü" tanımında "tanımlanamayan öğe" durumuna düşüyordu. Bu ideolojide, "Emeğin bir değeri yoktur, fakat değer yaratır. Değer ise, işgücüdür." İş gücü değeri dışında, değer olarak tanımlanan bilginin, teknoloji ve bilim yaratması sosyalizmde net bir tanıma kavuşamıyordu.

Beş yıldızlı otellerde sosyalist enternasyonal toplantıları düzenlemek toplantıların profesyonelce geçmesine büyük katkılar sağlarken bu toplantılardan "eşitlik", "bilgi değeri" gibi önemli kavramların bugünkü karşılıklarına dair bir belirlenimde bulunulamıyordu.

(Milyonlarca genci peşinden sürükleyen dünya starı Justin Bieber (20)'ın adının Gezi'de Just in Biber sloganına dönüşmesine bir örnek. Eylemciler arasında Bieber'ın Türk hayranlarından olan bazı gençlerin Justin tişörtü ile eyleme katılmaları ise ideolojilerin Gezi eylemlerinde yaşadıkları sınava bir örnektir.)

ALLAH'INI SEVEN DEFANSA GELSİN!

(Halı saha maçlarının vazgeçilmez sloganı Gezi'nin en dikkat çeken duvar yazıları arasında yer aldı.)

Allah inancına sahip olanlarımızın üç aşağı beş yukarı bir "Allah" tanımı var. Allah genelde bizim dışımızda, nerede olduğuna dair net bir şey söyleyemediğimiz, fakat en iyi ihtimalle bizi her an gözetleyen koruyucu bir güç. Allah'ın koruyan ve gözetleyen oluşuna kendi duygusallığımızı eklendiğimizde, Allah yalnızca bizi (beni) koruyan gözetleyen bir güç algısına kolayca dönüşebiliyor. Bir gerçek var ki; hemen hepimiz kendimizi "iyi insan" tanımı içinde görmeyi tercih ediyoruz, diğer türlü kendimize tahammülümüzün olma ihtimali zaten pek mümkün değil. Allah yalnızca benim yanımda ve benim inancımın taraftarına dönüştürülünce dünyanın bir savaş alanına dönüşmesi ise hiç de zor değil.

Din üzerinden, inançlar üzerinden çatışmalar çıkarmak, bu hassasiyeti fay hatları olarak tanımlayarak, "İşte bu noktaya dokunun," der gibi işaret etmek, siyasetçilerin hizmetinde çalışan tarihçilerin tarih boyunca baş görevlerinden biri oldu. Örneğin, Arnold Joseph Toynbee için bunu rahatlıkla söyleyebiliriz. Post-modern terimini ilk kullanan kişi olduğu ifade edilen tarihçi-stratejist Toynbee şöyle diyor: " Birilerine meydan okuyup, onu düşürmeden hiçbir medeniyet ayakta kalamaz." Batı'nın ayakta kalması için bir düşman yaratması gerektiği fikrini sürekli yineleyen Toynbee ortaya attığı çatışma teorisi ile Batı siyaset stratejilerinin zeminini oluşturan kişi olarak tanınmaktadır.

(Not: Hazır konusu açılmışken hatırlatmak gerekir; dünyaca tanınan tarihçiyi önermeleri konusunda yanıltan, şaşırtan tek kişi Mustafa Kemal Atatürk'tür. Toynbee, Atatürk'ün Kurtuluş Mücadelesi'ni başlattığı süreci "beklenmedik gelişme" olarak tanımlayıp yakından takip etmiş, sonrasında devrimler sürecinde Atatürk'ün fikir dünyasını anlamak için geniş bir tarihçi kadrosu ile bu konu üzerine uzun süre incelemeler yapmıştır. Prof. Halil İnalcık bu konuya "Atatürk ve Demokratik Türkiye" isimli eserinde yer verir.)

Bu tür stratejilerin tarihi nasıl şekillendirdiğine (bir örnekle) yine hatırlatma yaparak göz atalım.

Sovyetler Birliği'nin yıkılması ile başlayan Soğuk Savaş döneminde Toynbee'nin öğrencisi Huntington "Medeniyetler Çatışması" tezi ile hocasının stratejilerini geliştiriyor, çatışma çıkarılması için dokunulması gereken hassas noktaları, fay hatlarını belirliyordu. Bu fay hatlarının başında ise din yer alıyordu. Dinin politikada rahatlıkla kullanılabileceğini, kullanılması gerektiğini ifade eden bu bakış açısı (Batı emperyalizmi) İslam coğrafyalarında kendi girişimi, yönlendirmesi ve finanse etmesi ile "yeşil kuşak" politikasını hayata geçiriyordu. Afganistan, İran, Pakistan'da faaliyet gösteren CIA bağlantılı mücahit örgütleri aynı faaliyetleri Asya, Ortadoğu, Kuzey Afrika ve Türkiye'de de göstermeye başlıyordu.

Bir taraftan dinler arası çatışma siyasi bir manevra olarak kullanılırken aynı zamanda ülkelerin dindar politikalara yönelmesi sağlanıyordu. Bu strateji zamanla toplum bireylerinde inanç farklılıklarına tahammülsüzlük, radikalleşme, inancı diğer insanların görüş alanına şekille çıkarma (kıyafetler- ritüellerin açık alanlara da taşınması-inanç sözcüklerinin günlük dildeki konuşmalarda daha yaygın kullanılması) olarak kendini daha fazla gösterdi. Böylece inançlar, ideolojiler uğruna içeriksiz birer görüntüye dönüşüyor, post-modern anlam yitimi dinlerde kendini gösteriyordu.

Nihilizmi etkileyen filozof Nietzsche, "Tanrı öldü!" diyordu. "Tanrı öldü!" derken onun kastettiği Avrupa'da ve dünyada Tanrı kavramının yozlaştırıldığı, yok edildiğiydi. Hitler gibi bir diktatöre esin kaynağı olduğu söylenen Nietzsche'nin, "İnsan bir iptir ki hayvanla üstinsan arasına gerilmiştir. Uçurumun üstünde bir ip... Tehlikeli bir geçiş, tehlikeli bir yolculuk, tehlikeli bir geriye bakış, tehlikeli bir ürperiş ve duraksayış," cümlesindeki tehlikenin kendisi de farkındaydı ve değerlerden boşaltılmış bu içeriksiz yolculukta zihinsel çöküşü kendisi de yaşadı.

Batı'da Tanrı kavramı yozlaştırılmıştı, yozlaşmış bir kavrama sarılmak istemeyen insanlar kilisede papaza günah çıkarmak istemiyorlardı. Papazların yerini hızla psikologlar alıyor, modern olmak kişi başına düşen psikolog sayısı ile ölçülüyordu. Batı'da ölen yalnızca Tanrı değildi. Tanrı'yı öldürmüş ama kendimizi kurtarmayı başaramamıştık. Yaşam standardımız Doğu'ya göre daha iyiydi artık, fakat intihar oranlarımız hızla yükseliyordu. Ölen Tanrı'yı belki de yeniden diriltmek gerekiyordu. Batı'da dine yöneliş kilise, havra, cami ve diğer mabetlere yoğun ilgi ya da Uzakdoğu yolculuklarıyla kendini gösterdi. Batı'dan Doğu'ya, Asya'ya Ferrari'miz varsa satıp gidiyorduk, Ferrari'si olmayanlara kapitalizm bir hizmet olarak kurumsal aydınlanmayı ayağa getiriyordu. Gurular, yogistler, yaşam koçları, modern tarikatlar birer sığınağa dönüşüyordu böylece.

Huzur İslam'daydı ama Müslümanlara bu manifesto yansımıyor dünyada öfkeleri ile tanınıyorlardı. İslam coğrafyası huzursuzdu. Batı'da öfke daha azdı belki ama huzur da pek bulunmuyordu. Uzakdoğu ise huzur içinde fakat yoksullukla boğuşuyordu. Yaşamın, yani kendi varlığımızın anlamını, kaybolan kutsal kâseyi, kayıp kıta Mu'yu, Ahit Sandığı'nı (Tabut-u Sakine), Nuh'un Gemisi'ni, Felsefe Taşı'nı arar gibi arıyorduk.

Kimilerimiz ise hayatın anlamını zaten bulmuştu. Anlam arayışında değildi. Bir önceki yaşamında nasıl bir insansa (iyi ya da kötü) onun ödülünü ya da cezasını yaşıyordu şimdi. Fakat bir sonraki yaşamını daha güzel hâle getirmek için şimdi çaba sarf edebilirdi. Reenkarnasyonu ret eden dinlerde ise durum bu kadar kolay anlaşılır hâlde değildi. Hayatın anlamı bu dinlerde doğduğumuz an hazır bulunuyordu. Doğduğu coğrafyada, kültürde dünyaya gelmeyi kişi kendi belirlememişti. Reenkarnasyon olmadığına göre bunu belirleyen Tanrı olmalıydı. Musevileri, Hıristiyanları, Müslümanları, Budistleri, Hinduları, Zerdüştleri bulundukları coğrafyada, kültürde Tanrı yaratıyordu. Yahudi Yahudiliği, Hıristiyan Hıristiyanlığı, Müslüman Müslümanlığı, Budist Budizm'i doğduğu an ailesinde bir lütuf gibi hazır buluyordu. Her inanç sahibi kendi inancının en doğru inanç olduğu fikrine sahipti. Yahudi için bir insanın Hıristiyan ailede doğması o kişinin bu dünyada ki sınavı, Hıristiyan için bir insanın Müslüman ailede doğması o kişinin sınavı, Müslüman için bir insanın Budist bir ailede doğması yine o kişinin sınavından ibaretti. Tanrı bize lütfediyor, onları sınava tabi tutuyordu. Ortada pek anlaşılmayan bir "adalet" sorunu mevcuttu. Sorun makul düzeyde çözülmediğinde ," Vardır bir bildiği!" deyip konuyu kapatıyor, mevzilerimize dönüyorduk.

Bulunduğumuz mevzilerden her birimiz emindik. "İrademiz olmaksızın içine doğduğumuz inançlarımız, onlara ait kitaplar, sözcükler, ibadetler, bizi bizzat 'insan' olarak nasıl etkiliyor?" Bu soru bizi daha çok ikincil derecede ilgilendiriyordu. Ortak akıl, duygu ve deneyimle hepimizin uzlaşı gösterdiği birtakım olumsuz insan davranışlarımız vardı; öfke, şiddet, yalan, saygısızlık, kin, kibir… "Doğruluğundan emin olduğumuz kendi inancımızın sözcüklerini kendimiz duyabiliyor ve dönüşebiliyor muyduk?" "İyi insan olmayı" kendimizde, "İlerde başaracağım," ümidiyle yarına ertelerken, "İbadetleri neden yapıyoruz?" sorusunun cevabı ancak kültürel alışkanlıklarımızla açıklanabiliyordu.

Biz kendi alışkanlıklarımıza, âdetlerimize "yegâne gerçek" olarak sarılırken bizim âdetlerimizi değil başka âdetleri yerine getiren insanlara Zebani olmayı kendimizde hak görüyorduk. Bir diğerinin Zebanisi olmayı şahsımıza verilmiş ilahi bir görev olarak görüp kitleleri "kanlı ya da kansız" kendi alışkanlıklarımıza davet ediyorduk. Bu davet siyasetin tüm dünyada yaygın olarak kullandığı çağırıların başında yer alıyordu. Tüm dinlerde pratikte ruhbanlar mevcuttu, ruhbanlar siyasetle, siyasetçiler ruhbanlıkla idare biçimleri belirliyordu.

"Bizim inancımıza ters!" çıkışı yasakları yaşamın her alanına yayma gayreti ile farklı düşünceleri, inanışları, cinsiyetleri yok sayıp, özgürlükleri çiğnemeyi yasal zemine oturtma gayreti sarf ediyordu.

(Başbakan Recep Tayyip Erdoğan'ın, "Tıksırıncaya kadar içiyorlar!", "İçki içiyorsa alkoliktir!", "İki Ayyaşın yaptığı yasa!" gibi çıkışlarına Gezi'den bir tepki)

Ruhbanlıkla siyasetin birleşmesinden oluşan bu dil bazılarımızda güven alanı da oluşturuyordu. Kendi inancımıza uyumlu olan bu söylem bizim toplum içinde özgürlüklerimizin, onaylanmamızın, hatta toplumun diğer bireylerine üstünlük sağlayabilmemizin garantilenmesi anlamına geliyordu. Hakikatten kopuk güvenlik alanlarına bilerek isteyerek biz dâhil oluyorduk. Kendi inanç dünyamızın onayını kendi varlığımızdan değil, ruhban liderlerden almayı daha uygun buluyorduk.

Her koşulda şükreden, koşulsuz itaat eden kitlelerin varlığı, ideolojik dinin "gerçekliği" manipüle ederek kendi iradesini güçlendirecek yalan bilgileri sunabilmesinin olmazsa olmaz koşuluydu. Bu durum aynı zamanda, dine kendi sahiciliğinde ve sıkı sıkı sarılarak yaşayan insanların, kitleleri öteki olarak görmesini ve farkında olmadan kendini ötekileştirmesini sağlıyordu. Taassup, öfke, yobazlık böylece tırmanıyordu.

(İçeriği boşaltılmış dini/ideolojik dini özetle anlatan bir başyapıt cümlesi: "İNŞ CNM YA")

(Tüm peygamberler ya da dini önderler bulundukları toplumun alışkanlıklarına bir anlamda isyan ederek, o toplum içinden yeni bir toplum yaratmışlardır. Gezi: Huzur İsyanda!")

(Eski Maliye Bakanı Kemal Unakıtan'ın eşi Ahsen Unakıtan bir basın toplantısında, "Kemal Bey'in nerede ameliyat olması gerektiğini Rabbime sordum, Cleveland dedi!" açıklaması günlerce sosyal medyayı meşgul etmişti. Gezi'den bu anlayışa bir cevap)

DİRENİP DURU GARİ
HANGİMİZ BİRAZ YOBAZ DEĞİL Kİ?

İnsan bir kelime ile karşılaşır. Kelimeyi düşüncesine konu edinmeye başladığında bir sürece doğru çekilir. Süreç anlam inşa eder. İnşa olan yalnızca kelimenin kavrama dönüşmesi değil, insanın kendisidir. İnsan kendi el emeği ile kendini inşa eder. "İnsan" kendi emeğinin sonucudur.

Yobaz; müsamaha/toleranstan yoksun, saldırgan, taassup/öfke sahibi, kendi haddini/sınırlarını aşan.

Yerel: Sınırları olan, gözlem yerine ve gözlemcinin bulunduğu yere göre tanımlanan.

Bir varlığa, nesneye isim vermek bir anlamda onu sınırlamak, ona hat çizmek demektir. Masaya "masa" ismini vermekle onu sandalye olamamakla sınırlarız mesela. Bu bir zorunluluktur. İsim vermekle isim alan şey varlık sahasına çağırılır. Yani, onu ismi ile çağırabiliriz. Müsemma/adı olana müsaade edilmiş, ruhsat verilmiş olur böylece.

Yobaz, kendine verilen ismi, sınırlarını, haddini aşan, kendi ismini aşındıran dolayısıyla müsemmadan/isimden yoksun olan demektir.

"İlk taşı aramızda günahsız olan atsın." Hangimiz biraz yobaz değiliz ki? Yobazlığı yalnızca dinin pratik alanı içinde görme alışkanlığımız olsa da yobaz olmak için illa dinin bir pratiği ile ilişkimizin olması şart değildir. Yeter ki bulunduğumuz kültür, ideoloji, din, fikir vb. yerden sınırlarımızı aşıp diğer alana kendimizi dayatıp, ruhsatsız nüfuz edip "yer"imizde durmayalım, bu yeterli.

Yerel kelimesini yobazın elinden kurtarıp ona bir kutsiyet vermek değil gayem. Yerel ve evrensel kelimelerini anlamaya çalışmam gerekiyor sadece.

"Yereli" yerli yerine oturtmak için "evrensel"i çağırmamız gerek sanırım. Evrensel; her zaman, herkes için geçerli olan. Peki, herkes için geçerli olan yerelle nasıl bir arada olabilir? Bu bizi, birini diğerine tercih etme zorunluluğunda hissettiriyor. Herkes için geçerli olan evrensel karşısında yerel, güçsüz ve yok olmaya mahkûm gibi. "Yerel artık tüketilmeli ve evrensel olanda insanlık bir gün buluşmayı başarmalı," fikri mevcut.

Yerel-evrensel. Dünya devlerinin temel tartışma konusu. Filozoflar, siyasetçiler, tarihçiler, sosyologlar, iktisatçılar belki de binlerce eser verdiler bu konuda. Örneğin, Samuel P. Huntington'ın "Medeniyetler Çatışması ve Dünya Düzeninin Yeniden Yapılanması" önerisi. Medeniyetleri yereller olarak ayrıştıran bu öneri dünyada siyasi stratejileri ciddi oranda etkiledi, etkilemeye de devam ediyor.

Kavramlar üzerine biraz daha eğilelim derim:

Modernizm-Modernite/Evrenselcilik-Evrensellik.

Modernizmin merkezinde "akıl/bilim" vardır demiştik. Bilimin modernizmde teknolojiye indirgendiğini görüyoruz. Sermayenin ve siyasetin maddi olanakları ile büyüyen bu tür bilimin nihai hedefinde muhteşem nükleer silahlar bulunduğunu da kabul ediyoruz. İnsan modernizmde teknolojiyi üreten makinenin bir çarkı yalnızca. Moderniteye gelince, onun merkezinde ise "insan" var; bilim insan için vardır, insan bir değerdir diyor modernite.

Gelelim evrenselciliğe; çok kültürlülüğü, yerelleri reddediyor. Yerel tanımını yerel adına kendi yapıyor. İktisat üzerinden bize kendi seçimini tek renk olarak sunuyor, bu rengin kaçınılmaz yegâne gerçek olduğu algısını bizde kendi elleri ile oluşturuyor. Biz ise "Medeniyetler Çatışmasına" somut bir karşı fikir geliştirmek yerine "Dünya Düzeninin Yeniden Yapılanmasında","Pastadan nasıl pay alırız"ı düşünüyoruz sadece.

Evrensellik; evrensel-lik kelimesi yerel kelimesi ile birlikte tanıma girebilir. Tekrar soralım: Herkes için geçerli olanla sınırlı olan nasıl bir arada olabilir? Bu diyalektik bir zorunluluktur. Evrensel yerel varsa, yerel evrensel varsa var. Yerel kendi içinde evrensel ilkeleri şayet taşıyorsa (adalet-eşitlik gibi) tarih sahnesinde var olabiliyor. Bu, yereli/kültürü kadim (şimdide de geçerli) kılan şey. Aksi hâlde kendini var zannetse dahi tarih sahnesinde etkin olmak anlamında var olmuyor. Bu tür yerelin yokluğunu şöyle anlama şansımız var; kendisine özgü bir sanatı yok. Atalarının bir zamanlar ürettiği sanat dışında elinde şimdiye ait bir ürünü bulunmuyor. Kültür adı altında cinsiyet ayrımcılığı, eşitsizlik, adaletsizlik ise yobazlığın yan ürünlerini barındırıyor.

Yerel dediğimize "şimdide ki özgünlük" diyebiliriz. İşte evrensellik bu yereller arasındaki bağ ve ilişkiyi sağlayan ortak dil. İlişki bir yerelin diğerine baskınlığı, nüfuz etmesi üzerine değil, yerellerin, farklılıkların özgünlüklerini -kendi varlığının şartı sebebiyle- korumak üzerine kurulu. Bir yerelden diğerine bağ kuran, herhangi bir yerele indirgenemeyen dile, ilkeselliğe evrensellik diyebiliriz. "Medeniyet"-"İnsanlık"-"Evrensel İnsan" farklılıkların ilişkisini kuran bu evrensellikle inşa olabiliyor. Bu ilişkideki "insan"dan da, sanat, bilim, felsefe doğuyor.

Farklılıklarımızı ortadan kaldırdığımızda aslında ortada bir evrensellikten söz etmiyor, yalnızca bir tek büyük yerelden söz ediyoruz demektir. Bu diyalektiğin olmaması, devinimsizlik, yani ölüm anlamına geliyor.*

GEZİ NEDEN TÜRKİYE'DE OLDU?

NE OCCUPY NE ARAP BAHARI
NE TAM DOĞULU NE TAM BATILI

DOĞU ve BATI BİRARADA:
ANADOLU USULÜ BİR UYANIŞ: GEZİ

"Gezi neden Türkiye'de oldu?" sorusuna yanıt verebilmek için yine bir tarih gezisine çıkmamız gerekecek.

Bu sorunun cevabı olaylar açısından zaten açık; siyasi iradeyi elinde tutanların özgürlüklere, farklılıklara olan yak-

---

* (Modernizm ve modernite kavram tanımlarında Metin Bobaroğlu'nun "Aydınlanma Sorunu ve Değerler" adlı eserinden yararlanılmıştır.)

laşımı tepkinin temel sebebi. Fakat Gezi'yi olgusal olarak anlamak istersek şayet, bu cevap bizim için yeterli olmayabilir. Önceki sayfalarda dünyada ve bizde kimlik yitimini ve postmodern dönemi yaratan tarihi zemini hatırladık. Şimdi Türkiye açısından konuyu daha detaylandırmamız gerekebilir. Türkiye hem Doğu hem Batı, ne Batı ne Doğu olarak aslında dünyanın özeti olma niteliğinde.

Batı; göz (akıl), Doğu; kulak/işitme (sezgi) uygarlığı olarak ayrıştırılıp tanımlanıyor. Batı, aklı yetkin düzeyde kullanma yetisine sahipken, Doğu, sezgi/duygu yetisinde dikkat çekiyor. Tek başına akıl faşizm doğururken, tek başına duygu insanları yoksulluğa, tembelliğe sürüklüyor. Batı gelecek zamana endeksli yaşarken, Doğu geçmiş zaman referansı ile yaşıyor. Her iki durumda da ne yazık ki "şimdiki zaman" fark edilmiyor.

Doğu'dan Batı'ya, Batı'dan Doğu'ya göç yollarının ana köprüsü olan binlerce yıllık Anadolu, bu özelliği ile medeniyetlere Halil İbrahim sofrası olmayı başarmış bir yer. Sofraya farklı tarihlerde farklı kültür ve inanışlar farklı tatlar sunmuş. Güneşle aynı yaşta olan insan Anadolu'da hem güneşle hem Anadolu ile aynı yaşta. Bugün hepimiz kültürün genetik aktarımı sayesinde farkında olalım ya da olmayalım, ama hepimiz Anadolu yaşındayız.

Anadolu'nun İslam'la tüm coğrafyayı kapsayacak şekilde ilk ve gönüllü karşılaşması Horasan'dan gelen mutasavvıf geleneği aracılığı ile olduğunu sıkça duyuyoruz. Selçuklu ve Osmanlı'nın kuruluş ve gelişme aşamalarında etkili olan bu tasavvufi yaklaşım farklı inanç ve kültürlerle bir arada yaşamayı uzunca yıllar başarabilmiş ta ki Osmanlı'nın son dönemlerinde kadar. Osmanlı'nın son dönemlerinde neden bu kırılma yaşanıyor? Kadızadeler vakasında (17. yy.) vakasına gitmemiz gerek bunun için. Bu vaka Osmanlı'nın bilimsel, siyasal, kültürel açıdan çöküşünün miladı olma niteliğinde çünkü.

17. yy.dan biraz daha geriye gidelim. Vakasının temellenmesi, kısmen 15. yy.da Fatih Sultan Mehmet'le başlayan fikirsel değişimle fakat daha etkin bir biçimde 16. yy.da Yavuz Sultan Selim'in hilafeti almasıyla oluşuyor. Yavuz Selim'in Arap coğrafyasından Anadolu'ya getirdiği Eş'ari ekolünü temsil eden 800 (Bazı kaynaklarda 1000 ya da 2000 olarak geçer.) âlimle Anadolu'nun inanç dokusunda büyük bir değişimin baş göstermesi kırılmayı hazırlayan sürece giriştir denilebilir. Yavuz Sultan Selim bu girişimiyle bir tercihte bulunuyor: Anadolu'da halk ve sarayda yaygın olarak takip edilen Maturidi ekolün/geleneğin tasfiye edilip, yerine Eş'ari ekolün yaygın hâle getirilmesi. Bu, bir anlamda İbn-i Rüşt'ten, İmam Gazali'ye yöneliş döneminin başlangıcı.

Sözünü ettiğimiz ekolleri kısaca şöyle tanıtabiliriz:

- Matüriyedilik: Kurucusu İmam Ebu Mansur El- Matüridi. Semerkantlı bir Türk. Hocası İmam Ebu Hanife'nin yolunu izlemiş. Maturudilik Türkler arasında yaygın.
- Eş'arilik: Kurucusu Ebu'l El-Hasan Eş'ari. Basra doğumlu. Eş'arilik Araplar arasında yaygın.

İki Görüş Arasındaki Farka Bazı Örnekler:

Maturudilik nakil (Kuran) ve aklı bir arada önemserken, Eş'arilik aklın karşısında konumlanıyor ve imanı önceliyor.

Maturudilik insan iradesinin sonuçlarının önemli olduğunu savunuyor, Eş'arilik, "Hayır da şer de Allah'tandır," diyor ve kaderci bir tutum sergiliyor.

Matuduridik, "Mucizeler akılla açıklanır," diyor. Eş'arilik doğa olaylarını da kapsayarak, "Mucizeler Allah'tandır," diyor.

"Türkler ve İslam" konusunu anlamak bugünü anlamak açısından oldukça önemlidir. İslam dinini kabul ettikten sonra birkaç yüzyıl içinde İslam'ın yegâne savunucuları konumuna gelen Türkler, yalnızca askeri alanda değil, dini, astronomi, tıp, matematik, kimya ve diğer bilim dallarında da birçok araştırmalar, incelemeler yapmış büyük buluşlara imza atıp, önemli eserler vermişler. İslam coğrafyalarında bilim, felsefe denildiğinde öncelikle Türklerin, ardından İranlıların katkıları ile karşılaşıyoruz. Arap coğrafyasında bulunan pek çok âlimin ise Türklerin maddi manevi himayesinde eserler verdiği biliniyor.

İslamiyet'in hızla yayılıp, Arap sosyokültürel etki alanından çıkarak farklı coğrafyalardaki sosyokültürel algılara cevap vermesinde bu coğrafyalardaki karakteristik koşulları gözeten mutasavvıfların büyük katkısı olduğunu belirtmek lazım.

Karakteristik koşullardan kastım (Türkleri örnek vererek) şu: Türkler iklim koşullarının zorluğu ve yaşadıkları ortamda yaşam kaynaklarının kıtlığı yüzünden savaşlarla yaşamış, bu durum onları mistik düşünmekten ve doğaüstü kavramlara aşırı meyil göstermekten alıkoymuştur. Bu sebeple Türk sözlü kültüründe Hintliler, Araplar ve Farslara kıyasla mucizevi veya tabiatüstü olayların anlatımından ziyade daha çok kahramanlık destanlarına rastlıyoruz. Araplarda olduğu gibi sınıflı toplum yapısı değil, kolektif hareket eden ve görev paylaşımı genlerine işlenmiş bir toplum yapısı barındırıyorlar. Araplarda oluşan teokratik yönetim "yeryüzünün sultanı" fikri, her türlü fikrin onayını tek tek boyların onayından geçirerek uygulayan Türklere uyumsuzdur. Ayrıca konargöçer Türkler birçok farklı dil, din ve kültür mensubu milletlerle karşılaşıyorlar, farklı hayat tarzları, kültürler ve inanışlar hakkında bilgi sahibiler ve bu onlarda önemli bir deneyim.

Araplar İslam'ı yayarken Türklere, İslam dini hakkındaki ameli bilgiler dışında dünyevi hayatlarını da öneriyorlardı, bu öneri Türklerin karakteristik yapısına uyumlu olmadığı için kültürlerine isteseler de yerleşmiyor. Temelde bu sebeplerden kaynaklı Maturidilik Türkler arasında yaygınlık gösteriyor. Osmanlı'da hem Müslüman tebaada hem sarayda. Ta ki Eş'ari ekolün Anadolu'ya hilafetle birlikte giriş yapmasına kadar.

Anadolu'ya giriş yapan bu Eş'arilik, burada farklı inanışların bir arada yaşayabildiği, bu nedenle sanat, bilim, felsefe üreten Anadolu'ya özgü medrese, tekke ve tarikatların (Halvetilik, Nakşilik, Kadirilik, Mevlevilik, Rufailik, Hurufilik, Bektaşilik, Ahilik vb.) karşısında ve onları her geçen gün ağır ithamlarla (kâfirler, sapkınlar şeklinde...) eleştirerek zorlu bir sürece sokuyor.

Anadolu mutasavvıflarını sema, müzik ve felsefeden ötürü kâfir olmakla suçlayan Eş'ari ekol zamanla Osmanlı saray çevresinde etkili bir güç hâline dönüşüyor ve bu güçleniş Anadolu'nun Niyazi Mısri gibi pek çok mutasavvıfının sürgünlere gönderilmesine, büyük eziyetler yaşamasına neden oluyor.

En nihayetinde yüz yıllık bir zaman diliminde Eş'ari ekol kendi din anlayışını Anadolu'nun bir kısmına yaymayı başarıyor. Böylece medrese ve tekkelerin işlevsiz hâle gelmesiyle başlayan bu geriye gidiş Osmanlı İmparatorluğu'nun çökmesine de kaynaklık ediyor.

Dini yapılanmaların devlet idaresi içerisinde güç kazanamadığı, dinin "laiklik" ilkesi ile özel yaşama çekilip siyasetin aracı hâline getirilmediği, işlevsiz hâle getirilen tekke, medrese ve zaviyelerin bu sebeple kapatıldığı yeni dönem dediğimizde Mustafa Kemal Atatürk'ten bahsetmemiz gerekiyor.

Mustafa Kemal Atatürk'ün önderliğinde kurulan Türkiye Cumhuriyeti, halifeliğin gelmesi ile 400 yıl boyunca değişime uğrayan Anadolu fikir coğrafyasında bir taraftan 400 yıl öncesine bağ kurarken, diğer taraftan bir başka yenilik getiriyor. Bu yenilik tarih sahnesinde tekrar yer almaya dönük bir karar: modern devlet yapılanması ve aklın toplum yaşamında bilim, sanat, felsefe aracılığıyla tekrar aktif hâle getirilmesi. Fakat aklın geçmişteki görünümü ile değil, şimdideki "taze" görünümü ile. Böylece Anadolu'da bir diriliş gerçekleşiyor ve bu dirilişe Atatürk önderlik ediyordu.

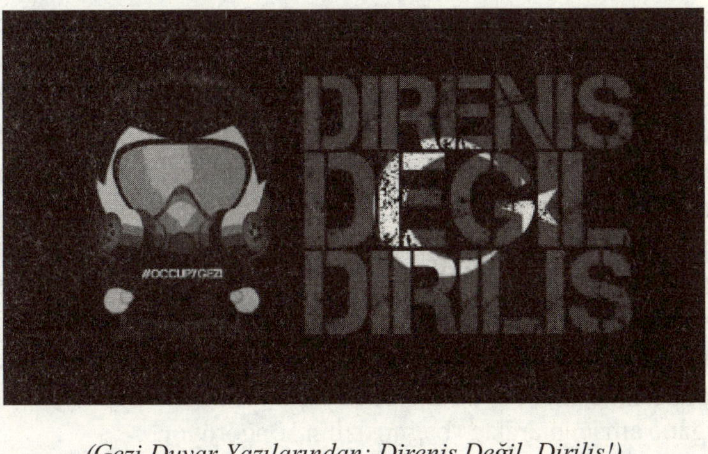

(Gezi Duvar Yazılarından: Direniş Değil, Diriliş!)

Ayşe Acar

BİR AĞAÇ İÇİN KÖŞKÜN YERİNİ DEĞİŞTİREN ÖNDER

As Turkish protests rage, Ataturk is a winner

(Gezi İçin The Washington Post'un Yorumu: Ataturk is a winner/Kazanan Atatürk)

Siyasetin ve eleştirilerin her zaman odağında olan isim; Mustafa Kemal Atatürk. Sevenlerin de sevmeyenlerin de esasında fikir dünyasını tam olarak kavrayamadığı bir özne. Laiklik ya da din kelimeleri kavramsal düzeyde idraklerde yer edinemediği için dün olduğu gibi bugün de zaman zaman "din karşıtı" olarak gösterilen Atatürk, Türkiye Cumhuriyeti'nin kuruluş zemininde "Bağımsızlık, Kültür ve Aklı" ön plana çıkardığını ifade ediyor. Atatürk üzerine yazılmış Batı ve bize ait önemli kaynaklara göz attığımızda da onun fikir dünyasında bu üç kavramın büyük önem taşıdığını fark ediyoruz. Atatürk, kültürde yerellik, yerelin evrenselle buluşmasında akıl, bu buluşmanın yegâne amacı olarakta "bağımsızlığı" öngörüyor.

Atatürk'e ait, üzerinde düşünmeye değer, belki de duygularımızdan yeterince arınıp düşünemediğimiz için yaşamımıza yansıtamadığımız bazı mühim önermeler.

"Türkiye Cumhuriyeti'nin temeli kültürdür."

"Şimdiye kadar takip olunan tahsil ve terbiye usullerinin milletimizin gerilemesinde en mühim etken olduğu kanaatindeyim. Onun için millî terbiye programından bahsederken eski devrin hurafatından ve yaratılışımızla hiç de münasebetli olmayan yabancı fikirlerden Doğu'dan ve Batı'dan gelen tesirlerden tamamen uzak millî karakter ve tarihimizle orantılı bir kültür kastediyorum. Çünkü millî davamızın inkişafı ancak böyle bir kültür ile temin olunabilir."

"Kültür zeminle orantılıdır, o zemin milletin karakteridir. Ulusal benliğini bilmeyen milletler, başka uluslara yem olurlar."

"Sanatsız kalan bir milletin hayat damarlarından biri kopmuş demektir."

"Medeniyet yaratmayan milletler yok olurlar."

"Biz Batı uygarlığını bir taklitçilik yapalım diye almıyoruz ancak; onda iyi olarak gördüklerimizi kendi bünyemize uygun bulduğumuz için dünya uygarlık seviyesi içinde benimsiyoruz."

"Bir milletin kültür düzeyi üç safhada; devlet, düşünce ve ekonomideki çalışma ve başarılarının özüyle ölçülür."

"Fikirler manasız, mantıksız, boş sözlerle dolu olursa, o fikirler hastalıklıdır. Aynı şekilde sosyal hayat akıl ve mantıktan uzak, faydasız, zararlı ve birtakım inançlar ve geleneklerle dolu olursa felce uğrar."

"Fikir bir kere faaliyete başladı mı, her şey yavaş yavaş intizama girer ve düzelir. Fikrin serbest hareketi ise ancak ferdin düşündüğünü serbest olarak söylemek, yazmak ve verdiği karara göre her türlü teşebbüse girebilmek serbestisine sahip olmakla mümkündür."

"Hayatta en hakiki mürşit ilimdir, fendir."

"Benim Türk milleti için yapmak istediklerim ve başarmaya çalıştıklarım ortadadır. Benden sonra beni benimsemek isteyenler, bu temel mihver üzerinde akıl ve ilmin rehberliğini kabul ederlerse, manevi mirasçılarım olurlar."

"Bağımsızlıktan yoksun bir ulus, uygar insanlık karşısında uşak olmaktan kurtulamaz."

"Ben yaşayabilmek için, kesin olarak bağımsız bir ulusun evladı kalmalıyım. Bu yüzden ulusal bağımsızlık bence bir hayat sorunudur."

"Laiklik asla dinsizlik olmadığı gibi sahte dindarlık ve büyücülükle savaşma kapısı açtığı için gerçek dindarlığın gelişmesi olanağını sağlamıştır. Laikliği dinsizlikle karıştırmak isteyenler, ilerleme ve canlılığın düşmanları ile gözlerinden perde kalkmamış Doğu kavimlerinin fanatiklerinden başka kimse olamaz."

Tarihte yaptıkları eylemlerle değişim ve dönüşüm yaratan şahsiyetleri bizler kendi fikir dünyamız ve duygulanımlarımızdan hareketle sevebiliriz ya da sevmeyebiliriz. Bu konuda kendimize ait bir özgürlüğümüz bulunmakta elbette. Fakat sözü edilen şahsiyetlerin yarattıkları etki, nesnel tutum sergileyen tüm tarihçi, sosyolog, filozof ya da düşünme faaliyeti içerisinde olan sıradan insanların düşüncelerine mutlaka konu olur.

ATATÜRK

Özneler tüm yaşamlarını insanlık adına hayal kurmaya adarlar. Bu hayal Tanrı'ya aittir ve Tanrı'nın insana dokunmasının yegâne yoludur. Özne tümelin hayalini tikel olarak duyumsayan ve kendi karakterinde bunu hüviyet olarak açığa çıkaran kişidir.

Toplumların tarih serüveninde yaşadıkları tüm deneyimler şuur düzeyine ancak bir özne yaratımı ile taşınabilir. Özne, toplumun niyet düzeyinde olan kimlik arayışının bedenlenmesi ve o toplumun kültür düzeyinden uygarlık düzeyine ulaşmasına olanak sağlayan bir kapıdır.

Toplumun bireyleri, aralanan bu kapıdan geçebildikleri ölçüde, tanrısal hayale dâhil olup, tarih sahnesinde nesne olmaktan kurtulma olanağına sahip olurlar.

Tarih yazımı, aklın evrimleşme sürecine notlar aracılığı ile tanık olunmasıdır. Bu evrimleşme ise öke olarak bazı karakterler aracılığı ile aklın dünden şimdiye taşınması, referansın kendiliği, yani zekâdır. Gelecek ise, bu düzeyde bir evrimin, zekânın "şimdi"de yazılımıdır.

Atatürk, bu toplumunun tarih sahnesinde var olduğu ilk günden bugüne tüm deneyimlerini şuur düzeyine taşıyan yegâne öznesidir.

Cumhuriyet ve yakın tarihimizde, Osmanlı ve Selçuklu'da hiç şüphesiz Türk toplumu lider kişilikler yaratabilmiş, cesareti ile diğer toplumları yönetebilme yetisi gösterebilmiştir. Bu cesaret toplumunun kendine has bir özelliği olarak ona tarihte pek çok kez devlet kurma olanağı da sağlamıştır. Mustafa Kemal Atatürk'ün -bu sürecin devamı olarak ve hâlâ bugün yalnızca bir lider değil, ancak bir önder olarak- onu yegâne "özne" kılan özelliği ise bu toplumun temel özelliği olan cesareti, referansı kendi olan akıl düzeyine taşımasıdır. Bu düzeyden doğan "fikir", toplumun ergenlik düzeyinden olgunluk düzeyine taşınmasına olanak sağlayan bir ruh ve dahası bir topluma karakter kazandıran dönüşümdür.

"Zabit ve Kumandan ile Hasbihal" (1918) adlı eserde Mustafa Kemal Atatürk şu değerlendirmede bulunmuştur:

"İnsanlar iki sınıfta, iki devirde incelenebilir: İlk devir beşeriyetin çocukluk ve gençlik devridir.

İkinci devir beşeriyetin rüşt ve kemal devridir. Beşeriyet, birinci devirde tıpkı bir çocuk gibi, tıpkı bir genç gibi, yakından ve maddi vasıtalarla kendisiyle iştigal etmeyi istilzam eder. Allah, kullarının lazım olan nokta-î tekâmüle vusûlüne kadar kullarıyla iştigali lâzımeyi uluhiyetten addeylemiştir. (...) Artık beşeriyetle bil vâsıta temasta bulunmaya lüzum görmemiştir.

Beşeriyetin derece-î idrak tenevvür ve tekâmülü her kulun doğrudan doğruya ilhamatı ilâhiye ile temas kabiliyetine vasıl olduğunu kabul buyurmuştur.

* * *

Musa, Mısırlıların kamçıları altında inleyen Yahudilerin bu baskı ve esaretten kurtulmaktan ibaret olan eğilimlerini açığa vurdu.

İsa, zamanının nihayetsiz sefaletlerini idrak ve umumi ıstıraplar devrinde, âlemde tahakkuk etmeye başlamış olan şefkat severlik lüzumunu din hâlinde anlatmak yolunu tuttu.

Hülâsa insanları istediği gibi kullanan kuvvet, fikirler ve bu fikirleri şekillendirip yayan kimselerdir. Fikrin hassâsı da hiçbir itirazın bozamayacağı mutlak bir şekilde kendini kabul ettirmektir; bu ise fikrin yavaş yavaş duygulara dönüşerek inanç hâline gelmesiyle mümkündür ve böyle olduktan sonradır ki onu sarsmak için, bütün başka mantıkların, başka muhakemelerin hükmü kalmaz.

Şimdi, bizim sevk ve idare edeceğimiz insanların emelleri, fikirleri ve ruhlarında saklı kuvvetler nedir? Bizim idare edeceğimiz insanların, hangi emellerini şahıslarımızda tecelli ve tecessüm ettirerek, onların kalplerini ve onların güvenlerini kazanacağız ve onlara manevi kuvvetler ilham vasıtalarını tavsiye edeceğiz ve insanlarda ancak hayalinin, ülkünün merkezleştireceği, görünmez hassalar, görünür vasıtalarla mı hitap edeceğiz?

Herhâlde insanlarımızın ruhunu kazanmak bir vazife olduğu gibi, önce onlarda bir ruh, bir emel, bir karakter yaratmak da Tanrı'dan ve Medine'de yatan Cenab-ı Peygamberden sonra bize düşüyor."

Mustafa Kemal Atatürk toplum bilincini dönüştüren (kolektif bilinç-mit), toplumu "şimdiye", olgunluk düzeyine taşıyacak olan karakteri, dehayı, tohumu, toplumunun toprağına (mit'ine) eken kişidir. Atatürk, "Ektiğimiz tohumlar o kadar özlü ve kuvvetlidirler ki bu fikirler Hint'ten, Mısır'dan döner dolaşır gene gelir," ifadesini bu toplumun duygusal motivasyonunu sağlamaktan ziyade, bir toplumu bir arada tutan maya olarak karakterin topluma rağmen, toplum bilincine ekildiğini belirtmek için kullanmıştır. Toprak altında yeşermek, olgunlaşmak için zamanını bekleyen bu tohum hep dirimliydi.

Tohumun toprakta beklediği bu uzun süreç, toplumda Atatürk'ün dehasına karşı kimilerinde duygusal düzeyde bir sevgi, vefa, bağlılık yaratırken kimilerinde ise "deha"ya karşı bir anti tez yaratma gayreti olarak yine duygusal düzeyde bir bunalıma neden olmaktadır. Bu iki anlayış olgunlaşmanın, eşik atlamanın doğal semptomları olarak değerlendirilmeli, birbirini aynı düzeyde var eden bu kutuplaşma zorunlu olarak tohumun yeşermesine olanak sağlayan öğeler olarak tanımlanmalıdır. Nitekim önderi sevenler-sevmeyenler olarak ayrışan bu toplulukların şuur düzeyinde olmasa dahi muhatabı, ideolojik olarak referans aldıkları kişi (yanında olmak-karşısında olmak referansı ile) zorunlu olarak Mustafa Kemal Atatürk'tür.[1]

Bugün toplumda onu sevdiğini ifade edenlerin büyük bir bölümü "ilke ve inkılâpları" rahat giyinip yeme-içme özgürlüğü düzeyinde yorumlamaktadır. Bu "kasaba milliyetçiliği"[2] anlayışı modern dünyanın bilim-felsefe-sanat gerçeğinden kopuk olmakla birlikte, diğer milletlerin kültür ve deneyimlerinden gerektiği düzeyde haberdar değildir.

Onu sevmediğini ifade edenlerin bir bölümü Anadolu kültürünü oryantalist yorumlar üzerinden okuyarak kendi varlıklarından hakikatte habersiz ve inkârcı bir tutumla evrensele öykünseler dahi, bu durum kökleri olmayan bir ağacın gökyüzünü seyredemeyeceği gerçeği ile sonuçlanmaktadır.

Diğer bir bölüm ise, dini itikatlarını himmet/istek düzeyinden dinin iman/yapma düzeyi olan "şimdi"ye taşıyamamanın, ergenlikte diretmenin sonuçlarını taassup-öfke olarak yaşamaktadır.

Fakat kemâlat-olgunlaşma-özgürlük Tanrı'nın bizzatihi ereğidir ve bu ereğin mahali öznedir.

Özneler hüviyetleri aracılığıyla insanlık adına bir hayali gerçekleştirirler.

Bu nedenle, Atatürk'ün bu toprağa ektiği devrimlere muhatap olacak "gençlik" kaotik ortamdan sözü edilen karakteri bir hüviyet olarak giyinip Mustafa Kemal'i anlam düzeyine taşıyacaktır.

(Not: Atatürk başlıklı bu yazı Kasım 2012 yılında "Düşün-ü-yorum" isimli felsefe bülteninde yayınlanmıştır.)

---

[1] Metin Bobaroğlu

[2] İlber Ortaylı

MUSTAFA KESER'İN ASKERLERİYİZ

(Gezi eylemlerinin ilk günlerinde gaz maskesi yerine eylemciler ağız ve burunlarını mendille kapama yoluna gitmek zorunda kaldılar. Bir müddet sonra kalabalık gruplarda herkesin elinde bir mendil, şal vb. olmasının verdiği görüntü Mustafa Keser'i hatırlattı ve bu durum kısa sürede zekice bir çıkışla "Kemalizm eleştirisi" olarak duvar yazısında yerini aldı.)

Mustafa Kemal Atatürk'ün vefatından sonra Türkiye'de siyasal ve sosyal yapılanma tekrar bir değişim sürecine girdi. Soğuk Savaş'ın başlangıç döneminden itibaren hatırlayabiliriz.

II. Dünya Savaşı sonrası başlayan Soğuk Savaş dönemi ve "Yeşil Kuşak Projesi". Esasında İngiltere çıkışlı proje, dönemin ABD Başkanı olan Harry Truman'a atfen "Truman Doktrini" (1947) olarak anılmakta. Sovyetler Birliği'ne karşı Doğu Bloku ülkelerini kontrol edebilmek için uygulanan proje, aralarında Türkiye, İran, Afganistan, gibi Ortadoğu ve üçüncü dünya ülkelerinin bulunduğu coğrafyalarda dini grupları ve dini politikayı destekliyor.

Bilgi Üniversitesi profesörlerinden siyaset bilimci Ayhan Kaya projeyi şöyle özetliyor: "Bu proje Soğuk Savaş döneminde ABD'nin sosyalist bloku bir şekilde güneyden çevrelemeye çalışma girişimiydi. Batı'dan kapitalist tüketim kuşağıyla çevrelenen sosyalist blok, güneyden de dinsel, yani İslami bir kuşak ile çevrelenmeye çalışıldı... Yeni sağ, İngiltere ve ABD'den gelen ideolojiydi. Bunun özü tamamıyla devletin iktisattan elini çektiği, sadece güvenlik görevini üstlendiği bir projeydi. Bu çerçevede toplumsal muhalefeti ortadan kaldırmak için toplumun hassasiyet gösterdiği din gibi popüler unsurlar kullanıldı."

Kültür-sanat, ziraat ve teknik bilgilerin hem teorik hem pratik olarak bir eğitim sistemiyle hayata geçirilmesinden oluşan köy enstitüleri Nato'ya dâhil edilmenin ön şartı olarak kapatılıyor böylece Atatürk'ün kültür (yerel) ve evrensellik üzerine inşa etmek istediği proje ağır darbe alıyordu. Bağlama ile piyanonun/ türkü, şarkı ile operanın/ ortaoyunu ile tiyatronun, ziraat ile tekniğin/bilim ile sanatın/ teori ile pratiğin buluşması engelleniyor Türkiye'nin özgünlüğünü koruyarak evrenselde yerini almasına set çekiliyordu.

Siyasi iradenin aracı hâline dönüştürülen din aynı zamanda Soğuk Savaş'ın propaganda aracı olarak "komünizm" tehlikesinin kalkanı olarak kullanıyor, insanlar dindarlar ve dinsiz komünistler olarak hızla ötekileştiriliyordu. Her öteki diğer grubu düşmanı olarak tanımlıyor ve ideolojisini bu referansla belirliyordu. Darbeler döneminde insanlar sağcı, solcu, dindar şeklinde ayrıştırılıyor, her grup devletin sistematik işkencelerinden ağır zarara uğruyordu. Tüm bu baskıcı süreç, resmi olarak, "Mustafa Kemal Atatürk ismi ve devrimlerini korumak adına yapılıyor," iddiasıyla sunuluyordu. Bu sunum sebebiyle mağduriyet yaşayan insanların belleğinde Atatürk ve Cumhuriyet kavramlarının içi boşalıyor/boşaltılıyordu.

Laiklik ilkesi de din gibi bir ideolojiye dönüşüyor, Cumhuriyetçilerin yaşam biçimlerinde devrimler neredeyse yalnızca rahat giyinmenin, rahat yiyip içmenin garantörü hâline dönüşüyordu. Evrensel bilim, sanat, felsefeden bihaber geniş cumhuriyetçi kitleler aynı zamanda halk kültürünü küçümseyen, yalnızca şekilsel görünümle Batı'ya benzeme gayreti taşıyan Cumhuriyet savunucuları hâline geliyorlardı. Atatürk'ün yegâne savunucuları olarak kendilerini gören bu gruplar, dini inanç taşıyan insanları "akılsız" olarak tanımlayıp küçümsüyor fakat kendileri de savunuculuğunu yaptıkları Atatürk'ün kavramsal dağarcığından, insani ve entelektüel deneyimlerinden habersiz yaşıyorlardı.

Laikler, dindarlar için "dinsiz" olarak tanımlanırken, din "laikler" için "irtica" anlamına geliyordu. Her iki grubun haklı refleksleri olmakla birlikte laiklik ve din olarak gözüken şeyin iki farklı ideoloji olduğu fark edilmiyordu. Laikliğin din karşıtlığı, dinin ise Arap kültür ve âdeti olmadığı gerçeği göz ardı ediliyordu.

Eş'ari ekolün Anadolu'da uğrattığı din erozyonu ile hareket eden siyasi yapılar ve onların uzantısı hâline dönüşen tarikat ve cemaat yapılanmalarının lobi çalışmalarına tepki yalnızca Cumhuriyetçi laiklerden gelmiyordu. Cumhuriyet'e eleştirel yaklaşan sosyalist-devrimciler, "Yeşil Kuşak" projesinden bu yana dindarlar karşısında zaten ayrı bir cephe oluşturmuşlardı.

(Soğuk Savaş döneminin başlangıcından itibaren yan yana gelmesi ihtimal dışı olan iki grup Tek Yol Devrim Cephesi ve Allah Bizimle Cephesi'ne Gezi'den bir duvar yazısı ile gönderme: Ne Devrim Ne Şeriat, Sadece Saygı...)

Mustafa Kemal Atatürk, gerçekleştirdiği devrimlerle Türkiye'ye modern yaşamı ve modern hukuk normlarını getiren, toplumun kendi kültür köklerine dönerek evrensele yönelmesini inşa etme gayretinde olan bir şahsiyet olarak tanınmıyor, yalnızca askeri propagandanın simgesi hâline dönüşüyordu. Mustafa Kemal Atatürk'ü bu propaganda üzerinden tanımlayan insanlar, askeri yapıların insan hakları ihlali, siyasete yön vermesi gibi etkileri ile Atatürk ismine karşı gittikçe güçlenen bir öfke taşıyorlardı. Mustafa Kemal Atatürk'ün bilinçli olarak din karşıtı şeklinde tanıtılması İngiltere-ABD meşeli "Yeşil Kuşak Projesi"nin din üzerinden yapılanmasının toplum yaşamındaki reflekslerin belirlenmesine katkı sunuyordu.

Yavuz Sultan Selim dönemi itibarıyla kendini göstermeye başlayan bağımsız Kürdistan kurulmasına dönük hareket, bu dönemlerde PKK'nın yurtdışı ve yurtiçinde oluşturduğu lobilerle büyürken, siyasi ve askeri iradenin Kürtlere dönük haksız ve baskıcı yaklaşımı doğal olarak Kürt halkının siyasi iradesini

PKK merkezli konumlandırmasını sağlıyordu. Böylece yıllarca süren çatışmalarda on binlerce insan yaşamını yitiriyordu.

Türkiye'nin, sağcı, solcu, dindar, laik, Türk, Kürt olarak ayrıştırıldığı tabloda kazanan yalnızca ideolojiler oluyor, insan olmanın olmazsa olmaz değerleri ikinci plana itiliyor, hatta yok sayılıyordu.

(Gezi protestolarından bir kare. Post-modern dönemde/70 yıldır ideolojiler üzerinden ayrışan bireyler Gezi'de bir arada. Bu kare henüz gezi tini ve olgusunu göremeyip, hâlâ ideolojik refleksler üzerinden Gezi'yi okuyan insanlara anlaşılmaz gelse de yakın gelecekte bu biraradalığa çokça tanık olma ihtimaliz oldukça yüksek.)

(Gezi olaylarından ideolojilere mesaj niteliği taşıyan dönük bir başka kare)

ÖNDER-LİDER AYRIMI

Birbiri yerine kullanılan ve sıkça karıştırılan iki kavramı kısaca detaylandırmak faydalı olabilir.

Önderler bir topluma liderlik yaptıkları gibi, o toplumu bulundukları zamanın akıl düzeyine, yani tarih sahnesine de çağırırlar. Lider ve önderi birbirinde ayıran, "Hangi ilkelerle hareket ediyor ve yaptıkları işlerde neyi amaç ediniyor?" sorularının yanıtıdır. Önderler yerel olanı, kültürü, bulundukları çağda "doğal seleksiyon"a (etkinlik olarak) yenilerek, tarih sahnesinden silinmesine engel olurlar ve bu nedenle yereli evrenselle buluşturma girişiminde bulunurlar. İlkeleri evrensel insanlık ilkeleridir. Önderler bulundukları yerel kültürden haberdar oldukları gibi, evrensel sanat, bilim ve felsefeden de haberdardırlar ve böylece toplumu sanat, bilim ve felsefeye davet ederler/edebilirler. Tüm bu girişimlerinde ise "fikri, vicdanı, irfanı hür bireyler" için özgürlük ortamı oluşturmayı amaç olarak seçerler.

Liderler ise yalnızca içinde bulundukları toplumun yerel/kültürel taleplerini göz önünde bulundurarak, geleceği oluşturmak için şimdiki zamanı değil (geçmişi deneyim olarak kapsayan bir şimdi) fakat "geçmiş zamanı" güvenilir alan olarak daima gündemde tutarlar ve liderliklerini bu yöntemle gerçekleştirirler. Evrensel ilkeler üzerinden değil kültürel alışkanlıklar üzerinden toplumu bir araya getirir ve yönetirler.

TAYYİP CONNECTİNG PEOPLE

Artık yavaş yavaş yakın geçmişe göz atabiliriz:

2002 yılı ile birlikte Recep Tayyip Erdoğan liderliğindeki AKP iktidarının geniş kitlelerce desteklenmesinin en belirgin nedeni, destekleyen insanların uzunca yıllar kendi doğru ve inançlarından ötürü toplumun başka kesimleri tarafından yok sayılması, hatta zaman zaman küçümsenmesi oldu. Kendi şahsi varlıklarını inançları üzerinden tanımlayan insanların "ne demek istedikleri ya da nasıl sıkıntılar yaşadıkları" konusu samimiyetle dikkate alınmayınca, yok sayılmanın getirdiği öfke siyasetle doğal olarak buluştu ve Erdoğan bu öfkenin bireysel temsilcisi ve bu kitlelerin hak taleplerinin koruyucusu olup, insanları birleştirdi. Birleşme merkez sağı ve liberalleri de kapsayınca "Tayyip Connecting People" gerçekleşti.

Bu birleşme Cumhuriyet tarihinde siyasi bir irade aracılığıyla ilk kez gerçekleşiyordu. AKP başlangıçta Batı'nın stratejik ve ekonomik olarak destekleyerek var ettiği bir irade olmakla birlikte, zamanla kendilerine oy veren insanların özellikle psikolojik ve duygusal anlamda kendilerini güçlü hissetmelerinin etkisi ile iradesini daha da güçlendirdi. Bu irade devlet olabilme açısından bir kurumsal bir güç değil, daha çok geçmişin mağduriyetleri üzerine var olan duygusal bir güç niteliği taşımaktaydı/taşımaktadır.

Tayyip Erdoğan'ın özellikle son yıllarda gittikçe artan oranda anti demokratik uygulamaları, hukukun ihlal edilmesi gibi tüm toplumu yakından ilgilendiren konulara AKP tabanından ciddi bir itiraz gelmiyor olmasının nedeni, Erdoğan'ı bu güçlerinin kaynağı, aynı zamanda hem gücün hem özgürlüklerinin koruyucusu olarak görmeleri oldu. On iki yıl boyunca kamusal alanda maddi ve manevi olarak varlık gösteren bazı insanlar, kendileri gibi olmayan toplumun diğer kesimlerinin bu kez Erdoğan iktidarı tarafından yok sayılmasına bir tepki göstermeyip, maddi varlıkları uğruna kendi vicdanlarına perde koymayı makul buluyorlardı.

Erdoğan'ın toplumu ayrıştıran, yok sayan, küçümseyen yaklaşımları AKP tabanında ciddi bir eleştiri ile karşılaşmamış olsa da toplumun diğer kesiminde her geçen gün artan bir isyana neden oluyordu. Kendi kendilerine şikâyette bulunan bu insanlar bir müddet sonra, zaten yeterince güçlenmemiş olsa da modernizmin kazanımlarının (hukuk, demokrasi, özgürlükler vb.) tamamen kaybedileceği duygusu ile derin umutsuzluk yaşamaya başladılar. Bu umutsuzluğun kökleri oldukça eskiydi, 1945'lere kadar uzanıyordu. Değerlerin yitime uğradığı, ideolojiler üzerinden kimlik tanımlamaları yapılan yıllarda her gelen iktidar kendi ideoloji, inanç ve çıkarlarını yaşatabilmek için "ötekileri" yok sayıyor, toplum "biz ve onlar" fikrinden bir türlü kurtulamıyordu.

Ve bir gün, umutsuzluğun alışkanlıklara sindiği günlerden herhangi bir gün, neredeyse son 70 yıldır yalnızca kendi fikirleri üzerinden gerçekliği okumayı tercih eden insanlar, 2013 yılı 31 Mayısında yılların birikmiş ayrımcılığına, yaşamı "biz ve onlar" olarak ayıran bu anlayışa, "Hayır," dediler. Anlayışın şimdiki temsilcisi Recep Tayyip Erdoğan ve AKP olduğu için tepkiler ona ve hükümete yönelik oldu. Yıllardır yan yana gelmeyen insanlar Recep Tayyip Erdoğan karşısında birleştiler. Ve "Tayyip Connecting People" gerçekleşti.

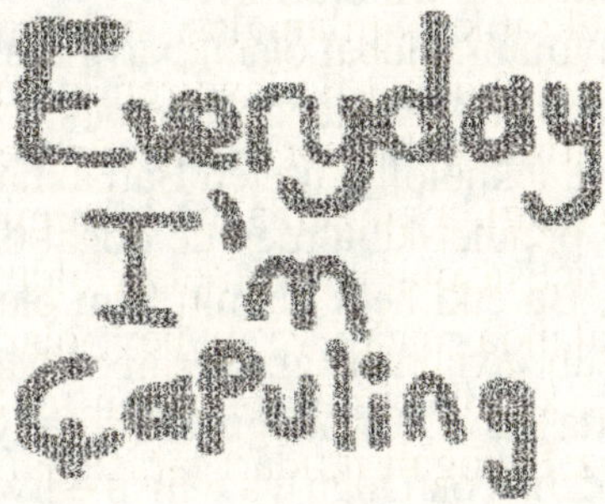

BİR TREJEDYA OLARAK EFENDİ-KÖLE DİYALEKTİĞİ

Yöneten-Yönetici/Köle-Efendi diyalektiği üzerine Filozof Hegel ve Kojéve'yi yorumlayan Profesör Tülin Bümin şöyle diyor: " Kojéve, yorumunun bu noktasında, efendinin, insanın bir özbilinç olarak doğuşu serüveninde yalnızca bir katalizör olduğuna işaret ediyor. Yani o, kendisi olmadan bu sürecin gelişemeyeceği, ama bu sürece özel bir katkısı olmayan bir ögeyi temsil etmektedir; efendi çalışmaz, ama, o olmasaydı kimse çalışmayacaktı. Efendi insanlığın özbilince ulaşma yolunda saplandığı bir açmazı temsil etmekle birlikte, bu açmazın kendisi ilerlemenin bir koşulu olmaya devam etmektedir. O, uygarlığın, Freud'da da rastladığımız, olumsuz olmakla birlikte, sine qua non (olmazsa olmaz) koşuludur. O tek başına ele alındığında, uygarlığa hiçbir özel katkısı olmayan baskı, otorite, gerçeklik ilkesi gibi olumsuzlukları temsil eder."

DOĞU-BATI SORUNSALI

"Gezi neden Türkiye'de oldu?" sorusuna yanıt aramak için yakın tarihi kısaca hatırladık. Doğu-Batı sorunsalı ile yanıt daha anlamlı olabilir.

Bilim ve teknolojinin global olarak yaygınlaşması bize farklı kültürler, diller, inançlar ve geleneklerle karşılaşma olanağı sağladığı gibi bilim ve teknolojiyi üreten Batı aklının yan ürün olarak bize sunduğu popüler kültürden de doğal olarak etkilenmemize neden oldu. Bu etki hem olumlu hem olumsuzdu ve aynı zamanda tüm düşünce ve inanç gruplarını da kapsıyordu.

Uzakdoğu, Orta Asya, Ortadoğu, Türkiye'ye oranla yaşam biçimi açısından daha çok Doğu'yu temsil ediyordu. Müslüman ülkeler arasında ise Türkiye seküler yapısı ve kendine özgü kültürel deneyimleri ile farklılık gösteriyor, Batı'ya yakın duruyordu. Avrupa ve Amerika'ya oranla ise Türkiye, Doğu'ya yakın duran bir ülke konumundaydı. Türkiye, doğulular açısından tam Doğulu olmayan, Batılılar açısından tam Batılı olmayan, Araplar açısından tam Müslüman olmayan bir ülke görünümü arz ediyordu. Bir kimliksizlik olarak yorumlanan bu görünümün kimlik kazanmasına katkı sağlamak için kimileri bizi ısrarla

Müslüman Arap kimliğine doğru çekerken, kimileri tam Batılı olmamız gerektiği konusunda ısrar ediyordu.

"Geleneklerimizden koparıldık, bu hâlde olmamızın sebebi budur, bunu bize Cumhuriyet yaptı. İnançlarımıza, kültürümüze sıkı sıkı sarılmalıyız, " diyenlerle, " Gelenek denilen şey artık ilkellikten başka bir şey değildir, inanç ve kültürü bir tarafa bırakıp evrensel olana yönümüzü dönmeliyiz," diyenlerin dışında her iki gruba da hak verirken aynı zamanda her iki grubu da eleştirenlerin sayısı ise azımsanacak kadar değildi. Doğu gibi kendini dünyadan farklı, ona karşıt olarak tanımlamak, öz bilinci dünyadan koparıyor, eylemsizlik getiriyordu. Bu tembelliğe, yoksulluğa ve aynı zamanda aklı kullanan toplumların kölesi durumuna düşürüyordu bizi. Salt dünyada olmak, salt akılla hareket etmek ise faşizm getiriyor, toplumların vicdanı köreliyordu.

"Geleneklerimizden koparıldık," diyenler bu kopuşun tarihini 400 yıl öncesinde Hanefi-Maturidi- Horasani gelenekten Arap-Emevî-Eşari geleneğe sürüklenmekle gerçekleştiğini kabul etmeyip ya da bilmeyip gelenek diye sarıldıkları âdetlerin bu topraklara, kendilerine ait olmadığını görmüyorlardı. Arap âdetlerinin "Müslüman" geleneği adı altında Arapların istediği şekliyle Türkiye'de ve öncesinde 16.yy.a kadar Osmanlı'da ve daha öncesinde Selçuklu'da tutunamamış olmasının sebebi Anadolu'nun kendi dokusuna uyumlu olamamasından kaynaklanmaktaydı. Her gelenek, kültür yeşerdiği coğrafyanın insanının tavır ve davranışlarına doğal olarak siniyordu. Bu insanın bilinçaltı malzemesiydi. Kültürü insanın doğarken seçemiyor, kültüre doğuyor olması, insanın zorunlu olarak bilinçaltını oluşturuyor ve bu gücüyle kültür, kişinin kendisine rağmen, kendisinden hareket edecek bir gücü simgeliyordu. Her birey kendi doğduğu toprakta hamurunu buluyordu. Arap kültürü Arap coğrafyasında, Fransız kültürü

Fransız coğrafyasında gerçek ve güzeldi. İnsanlık sofrasında tat olarak her coğrafya kendisi olarak var olabilirdi.

Doğu'yu ve Anadolu'yu Batı karşısında değersiz ya da az değerli bulanların Batı algısı Batı'nın yüzlerce yıllık birikimi olan sanat, felsefe ya da bilimi olmaktan ziyade, bu değerlerin yalnızca ismen zikredilmesinden ibaretti. Batılı olmak yalnızca yeme-içme, giyinme, seyahat etme, iyi koşullarda yaşama, yani konfor ve İngilizce bilme, mühim bir diplomadan yani etiketten ibaretti. Bu insanların Doğu'ya dair bilgileri Batılı oryantalistlerin bilgisi ile sınırlıydı. Evrensele öykünürken, tutunacak kökleri olmadığı için gökyüzüne doğru büyüme şansı olmayan kuru bir daldan ibaretti bu fikir.

Doğu ile Batı'nın/ farklılıkların (etnik, siyasal, düşünsel vb.) bir arada yaşamasının deneyimlenmiş iki yolundan biri uzlaşıdır. Uzlaşı akıl aracılığı ile hukukun güvencesinde gerçekleşir. Ortak faydalar belirlenir, bu faydalarda uzlaşılır ve yasalar aracılığı ile hayata geçirilir. Yasaların uygulayıcısı, denetleyici ve koruyucusu devlettir. Devlet tüm farklılıkları kendi içinde barındırıyorsa ancak uzlaşı gerçekleşir. Devlet bu uzlaşının gerçekleşmesi için inançsız ve cinsiyetsiz bir yapılanma olmak zorunda kalır. Devletin olanakları ile yurttaşlara hükümde bulunan bireylerin özel yaşamlarında cinsiyetleri ve inançları elbette bulunmaktadır, fakat farklılıkların bir arada yaşaması için gerekli yapılanma inançsız ve cinsiyetsizliği zorunlu kılar. Bu zorundalık karşısında devletle ilişkide olan bireyleri de yurttaş olmak bakımından cinsiyet ve inanç kimlikleri değil yine cinsiyetsiz ve inançsız yurttaş kimleri ön plana çıkar. Bu model Batı'nın bize oranla uygulamada daha başarılı olduğu bir yol/yöntemdir. Bu yöntemde bireylerin (yurttaş ya da temsilci olarak) keyfiyet alanları kalkar dolayısıyla tüm farklılıklar için öğretilmiş ve zorunlu güvenlik alanı sağlanmış olur.

Akıl üzerinden gerçekleşen uzlaşı yolu dışında diğer yol ise, farklılıkların bir arada 16. yy. öncesi Anadolu toplumunun deneyimlediği "rıza" yoludur. Bu yol akılda değil gönülde gerçekleşmektedir. Herkesin bir diğerinin varlığını farklılıklarıyla kabul ettiği, herkesin bir diğerinin şarkısını, türküsünü kendi şarkısı, türküsü gibi gönülden okuduğu bir zevk. Öğretilmiş değil kendiliğinden olagelen. Kendiliğinden olmasının nedeni ise rızalığın (öğretilmemiş barış) her bir bireyin kendi içinde var olmasıdır. İnsanlar önce kendilerinden razıdır (barışıktır) ve bu sebeple tüm insanlıktan razıdır.*

Tüm dünya gibi değer yitimine uğrayan coğrafyamızda böylesine yüksek bir deneyim geçmişine sahip olduğumuzu hatırlamıyor olabiliriz ya da duymamış, bu deneyim üzerine yazılmış şiirleri, yazıları okumamış olabiliriz. Fakat deneyimin genetik aktarımı her birimizin gönlünde bu tabloyu sevinçle karşılıyorsa, bugün yeniden ve belki de bu kez aklı gönülle buluşturarak ve bu kez tüm dünyayı bu deneyime davet ederek yeniden ayağa kaldırabiliriz.

"Ne Doğu'dur, ne Batı Türkiye" demek yerine "Hem Doğu'dur, hem Batı Türkiye" deme vakti geldi. Doğu'nun vicdanı ile Batı'nın aklı dünyada ilk kez bir coğrafyada, Türkiye'de Gezi'de kendini gösterdi.

---

* (Uzlaşı ve rıza kavramı tanımlarında Metin Bobaroğlu'nun "Gelin Tanış Olalım" başlıklı makalesinden yararlanılmıştır.)

BİR RIZA BAHÇESİ: GEZİ PARKI

(Gezi'de dindarlarla laikler buluştu.)

(Gezi Parkı'nda cuma namazı kılınırken, namaz kılanların ibadetlerini rahat yapabilmeleri için namaz kılmayanlar onları koruyor.)

(Gezi Parkı'nda kandil simidi dağıtılırken)

(Gezi Parkı'nda Yoga)

(Gezi Parkı'nda LGBT)

(Semazen eylemci)

(Balerin eylemci...)

(Gezi Parkı'nda bağlama eşliğinde türküler söyleniyor.)

(İstiklal Caddesi'nde tomaya karşı gitar çalma)

GEZİ TÜRKİYE'NİN HİPPİ HAREKETİ Mİ?

Gezi Occupy ya da Arap Baharı ile benzerlik göstermemesine karşın dünyanın yakından tanıdığı bir başka harekete "hippi hareketine" benziyor olabilir mi?

Hippi, 60 kuşağının en önemli hareketi. Hippiler, Amerika'nın yürüttüğü Vietnam Savaşı'na karşı "savaş karşıtı" politik bir görüş belirterek güçlü bir akımın ve ekolün önderliğini yaptılar. Hiçbir yere ait olmamayı, köksüz yaşamayı, doğaya dönmeyi telkin eden hippiler "çiçek çocuk" olarak da anılırlar. Kapitalizmin yarattığı hırs ve savaş dünyasında, "reel politik" dünyadan koparak, doğaya, müziğe, komin yaşama, seyahate ve nihilizme bir sığınma hareketidir. Genel ahlak tanımlarının dışına çıkarak cinselliğin rahat yaşanması gerektiğini ifade eden, uyuşturucu kullanımının son derece yaygın olduğu hippi hareketinin bireyleri, doğaya saygı gösteren, hümanist, kolektif çalışan, ağır sırt çantalarıyla otostop çekerek seyahat eden özgürlükçü gençlerdir.

Doğaya yabancılaşmaya tepki gösteren "çiçek çocuklar" doğayı ve ilkelliği romantik düzeyde yaşarlar. Saçı uzatmak, çıplak ayakla dolaşmak, sutyen giymemek ve kamp yapmakla doğaya yaklaşan hippilerin doğaya dokunması kırsalda, köyde doğan bir insanın doğayla olan ilişkisine pek benzemez. Çıplak dans eden çiçek çocukların doğa ve ilkellikle olan ilişkileri bir nevi sinematografik bir görünüm arz eder.

Tıpkı köylü-doğa ilişkisinde olduğu gibi "manevi özgürleşme" çiçek çocuklarda bir inisiyasyon (belirli bir metot ve öğretmen yolu ile aydınlanma) şeklinde gerçekleşmez. Gerçeklikten kaçış yöntemi olarak, "Bırak her şey aksın," deneyimi ışık gösterileri, müzik, cigara, haplar ve öğrenilmiş bir egzersiz şeklinde meditasyondan oluşur. Heyecan uyandırmaya yarayan her türlü tekniği kullanan hippiler uyarıcıların yarattığı enerji ile bir pasiflik yaratır ve bununla oyalanırlar. Kadim geleneklerin, "Şimdide/anda ol," dedikleri öğreti ile nihilizmden beslenen "anı yaşa" telkini arasındaki uçurum hippilerde kendini tüm özgürlükçü savlarına rağmen, gerçekliği dönüştürmek yerine gerçeklikten kaçarak sanal bir dünya oluşturur. Kapitalizmin baş edilmez savaş çığlıkları ve hırs motivasyonu karşısında kurulan hippi dünyada bu kez " bu kötü dünyada kendimi iyi hissedebilirim" çabasıyla içsel bir kölelik baş gösterir.

Hippi kültüründe bir eylem ne kadar basitse o kadar kutsiyet içerir. Doğa ile iç içe yaşamak, doğal ürünlerden yemek yapmak, resim yapmak, ahşap oymak gibi meşguliyetleri kutsiyet illüzyonun birer aracıdır. Geçmiş ve gelecekten kopuk olma gayretinde olan hippiler, şimdinin derin can sıkıntısını gidermek için sürekli yeni arayışlar içindedir ve bu sebeple seyahat ederler.

Tüm dünyada bir başkaldırı olarak başlayan "Hippi Hareketi" aynı yıllarda Türkiye'de de geniş yankılar buldu. Bir yaşam kültürü olarak hâlâ etkilerini sürdüren bu hareket ideolojilerin karşısına bir şey koyamamanın verdiği derin sıkıntı ile gerçekleşmiş naif bir kaçış hareketi idi.

Gezi hareketinin ağaçları korumak sebebiyle bir parkta başlamış olması doğa çağrışımından ötürü Hippi hareketle benzerlik gösterdiği gibi Gezi Parkı'nda sergilenen kolektif yaşam da "çiçek çocukları" doğal olarak anımsattı. Gezi'de ağaçların canlandığı, ağaçlara sarılan ve onları koruyan gençlerin ağaçlara insan değeri verdiği bir gerçek ve bu Hippi kültüründe de kendini gösteren "egemen hiyerarşisi" ne karşı tutum. Bu benzerliklere karşın Hippilerde gördüğümüz gibi tek tip yaşam tarzı, birbirine benzeyen kıyafetler Gezi'de mevcut değildi. Hippi hareketi farklılıkların bir arada olduğu bir hareket değil, birbirine benzemek isteyen, birbirine benzeyen insanların başlattığı bir hareketti. Oysa Gezi'de klasik dindarlar, sufiler, ateistler, solcular, liberaller, kapitalistler, sağcılar, eşcinseller, zenginler ve yoksullar bir aradaydı. Hippiler bir kurumda çalışmayı ret ederken Gezi'de öğrenciler sınavlarına Gezi'ye mola verip girdiler, parkta ders çalıştılar, çalışanlarsa genel olarak gündüz çalışarak Clarck Kent, gece halk olmayı tercih ettiler. Hippilerde tek tip müzik dinleme tercihi dikkat çekerken gezide gitar, piyano, bağlama, davul bir aradaydı. Hippi kültüründe baskıdan kaçışın yerini Gezi'de direnme, eleştiri ve mücadele aldı. Direnirken sanat ve espri üreten bir zekâ Gezi'nin ana karakterini oluşturdu.

Gezi bir Hippi hareketi değil, Hippileri de içinde barındıran ve onları aşan bir hareketti.

GEZİ SOL-SOSYALİST, ANTİ-KAPİTALİST BİR HAREKET Mİ?

"Gezi ve olgusallık" denildiğinde bazı insanlar geçmişten getirdikleri bir refleksle, "Gezi anti-kapitalist, sol-sosyalist bir harekettir," demeyi tercih ettiler. Öyle mi gerçekten?

İdeolojilerde protesto geleneğinin hem dünyada hem ülkemizde baskın bir kültür olarak sol-sosyalist geleneğe ait olduğu bilinmekte. Kendi içinde bir kültürü ve dil dağarcığı olan, merkezi iradelere "muhalefet" gösteren bu geleneğin, merkezde siyaseti yaratma ve organize etmede bugüne dek büyük etkinlik gösterdiği söylenemez. Eşitlik, adalet, özgürlük gibi evrensel taleplerle onlarca yıldır büyük çabalar sarf eden ve bu gayretlerinden ötürü büyük eziyetlere de katlanan sol-sosyalist geleneğin tüm haklı taleplerine karşın geniş halk kitlelerinin tinine dokunamamış olması son derece dikkat çekicidir. Otokritiği kendi içinde, ideolojinin mensubu olan bireylerin yeterince faaliyet göstermemelerine dönük bir mekanizma olarak kullanan bu gelenek, apolitik olduklarını düşündükleri kitlelerle iletişimde son derece mesafeli, zaman zaman muhatabı ile karşılıklı alışverişi gözetmeyen, tek yönlü ve espriden uzak soğuk bir dil kullanmayı tercih eder. Sosyalizmi yeniden tanımlama konusunda önemli eserler veren yazar Tanıl Bora, Birikim dergisindeki "Muhalefet, Protesto, Gösteri, Gösteriş" makalesinde, solcuların protesto gösterilerini takvime bağlayarak siyasi eylemin rutine dönüştürülmesinin, eylemlere törel nitelik kazandırdığı, eylemlerin ayin benzeri bir ruhaniliğe büründüğü, böylece solun gelenek kırıcı fonksiyonunun dumura uğradığını belirtiyor.

Önceden belirlenmiş zaman dilimlerinde bir organize hareket olarak yapılan eylemlerde yaygın bir slogan olan, "Faşizme karşı omuz omuza," ifadesinin yalnızca protestoya katılan solcuların, hata çoğu zaman onun yalnızca bir fraksiyonunun yan yana gelip omuz vermesinden ibaret olduğunu gerçeğini göz ardı edemeyiz. Buna karşın sol gelenek tarafından apolitik olarak değerlendirilen futbol takımlarının taraftarlarının Gezi'de ilk kez bir araya gelip, faşizme karşı omuz omuza vermiş olması kabul etmek gerekir ki sosyalist grupların hazırlıksız yakalandığı bir olgudur.

Sosyalist tarihçi yazar Foti Benlisoy, Express dergisi özel sayısına (Haziran-Temmuz 2013) verdiği röportajda, "Gezi eylemlerinde sol örgütlerin hareket tarzında bir farklılık görüyor musunuz?" sorusuna, "Fikri olarak böyle bir hadiseye hazırlıklı olmadığımızı düşünüyorum. Hazırlıklı olmak mümkün müydü diye de sorulabilir belki, ama bu olay hepimizi çok ani yakaladı. Fakat reflekslerimiz çok zayıf, şu anda ancak durumu idare ediyoruz," yanıtını veriyor. Aynı röportajda, "Gerçekten eşi benzeri olmayan bir ayaklanma hâli ile karşı karşıyayız... Nişantaşı'ndan da, İstanbul'un kenar mahallelerinden de gelen gençler var. Gençlik ayaklanması karakterine sahip; tam olarak sınıfsal bir ayrım yok. Duvar yazılarında görmüşsünüzdür, 'Zenginlerin daha iyi maskeleri var, kıskanıyoruz,' gibi ifadeler var."

Benlisoy, Kürtlerin Gezi olaylarının neresinde durduklarına dair soruya ise, "Tereddütler dolayısıyla bir ayağı içerde bir ayağı dışarıda. Tabii 'çözüm süreci' adı verilen son gelişmeler bu tereddüdün önemli sebebi. 'Hükümet İstifa!' gibi bir sloganı canı gönülden desteklemeyeceklerini düşünüyorum. Kürtlere, 'Niye siz gelmiyorsunuz?' diye sızlanmanın pek anlamı yok. Bence gelmemeleri çok doğal, ama gelmeleri için çaba göstermek gerekiyor," şeklinde yanıt veriyor.

Benlisoy'un Kürtler için ifade ettiği, "Davet edilmeliler," ifadesi benzer bir yaklaşım başka bir grup tarafında da dillendiriliyor. Gazeteci Murat Menteş'in "Öteki 'Y Kuşağı': Ne Gezi Ne Kazlıçeşme" başlıklı köşe yazısında bir genç şöyle diyor: "Fakat bizim gibi 'Y Kuşağı' mensubu dindar gençlerle diyalog kurma girişiminde bulunmaları icap ederdi. Aksine, bize dirsek çevirdiler. Antikapitalist Müslümanların katılımını yeterli buldular. Bu, birçok sahnede başörtülülerin dekoratif aksesuarlar olarak kullanılmasından ne kadar öte bir şeydi, açıkçası bilemiyorum."

Her iki tespitte de Gezi hareketinin bir davetle başlamadığı, katılımcıların bir organizasyonla bir araya gelmediği, davet almadığı, içgüdüsel bir hareket gibi milyonların ansızın bir araya geldiği gerçeği göz ardı ediliyor. İnsanlar ya kendilerini ansızın Gezi eylemlerinin içinde buldular ya da eylemlerin içinde olmak istemediler, ayırım bu kadar belirgindi.

Zenginle yoksulun, sosyalistle liberalin, dindarla dindar olmayanın bir arada olduğu Gezi eylemleri, her ne kadar eylemler sonrası sol-sosyalist düşünce kendini eylemin "ana hareket ettiricisi" gibi tanımlamış olsa da ve kimilerince Gezi'ye "Haziran Direnişi" adı verilse de eylemlerim bir sosyalist-anti-kapitalist hareket olduğunu söyleyemeyiz.

Gezi, sosyalistleri de içinde barındıran ve onları aşan bir hareketti.

"BU BAŞKA BİR ŞEY"

Yıllarca dünyanın dört bir yanını gezen, olayların, savaşların, eylemlerin bizzat içinden bilgi aktaran usta belgeselci ve foto muhabiri Çoşkun Aral, Gezi'nin bugüne kadar dünyada gerçekleşmiş hiçbir harekete benzemediğini şöyle anlatıyor:

"Yıllarca savaş meydanlarında, toplu gösterilerde, mitinglerde çalışmış bir foto muhabiri olmama rağmen, Gezi direnişi benim için bir milat oldu. Bir avuç insanı orantısızca bastıran polise tepki olarak büyüyen kalabalıklar direnişi doğurdu. Olaylar başladığında İstanbul'da değildim; döner dönmez kendimi Gezi'de buldum. Parkta birbirinden farklı, asla bir arada göremeyeceğiniz insanların nasıl uyumlu bir yaşam kurduklarına tanık oldum. Böyle bir birlikteliği sağlayabilmiş olan gençleri tebrik ediyorum. Dünyada tanıklık ettiğim direnişlerden başka bir şeydi bu."

Gezi hem Doğu hem Batı hem vicdan hem akıl... Gezi dünyada bir ilk...

Post-modern sloganlarla, post-modern dönemi eleştiren ve bitişinin habercisi olan Gezi eylemleri Türkiye'nin uzun yıllar süren bir deneyiminin sonucudur. Tüm dünyanın uzun yıllardır yaşadığı "kimliksizlik-değersizlik" probleminin bir özü ve özeti olan bu deneyim dünya adına Türkiye'den geldi. Türkiye, bu adımı atacak en uygun ülkeydi. Post-modern dönemin kimliksizlik sürecinde kimliklerin ideolojiler üzerinden tanımlanmasında Türkiye her zaman Doğu ile Batı'nın tam ortasında kalan ülke oldu. Son yetmiş yılda Doğu'nun Doğu, Batı'nın Batı olmaktan çıktığı dünyada Türkiye, Batı'nın salt "aklı" ile Doğu'nun salt "duygu"su arasında duran bir gergin köprü hâlindeydi. Bu diyalektik gerilim Gezi'nin Türkiye'de gerçekleşmesinin atmosferini oluşturdu. Post-modern dönemin bitiyor oluşunu haber verecek en iyi koşullar Türkiye'de mevcuttu. Fakat koşullar yalnızca atmosferi oluşturuyordu. Tarihsel deneyim, yeni bir tinin, yeni bir ruhun açığa çıkmasında sadece zemin olarak mevcuttur. Bir zemin (taşıyıcı unsur olarak insan deneyimi) olmadan tin açığa çıkamayacağı gibi zemin (insanın tarihsel deneyimi)

tek başına yeterli değildir. Uzunca yıllar süren deneyimin şimdide yaşayan özeti ve öznesi olan şahıslara ait tutku "zamanın tinini" tarihe çağıran asıl unsurdur.

Tarihsel deneyim, şimdiki zamanda yaşayan tutkulu bireyler mevcut olmadığı sürece bizim için bizi ya yasa sürükleyen ya da hayran bırakan bir sevinmeden ibarettir. Yas ve sevinme ise bugünde yaşayan bireylerin bizatihi varlığına ait olmadığı için gölge varlık niteliğindedir. Şimdiki zamanın tini, geçmişin gençleşmiş hâli değil fakat onu kapsayarak aşan taptaze bir tindir. Bu tin, kendini açığa çıkaracak özneler olmadığı sürece bilinmek istese dahi gizli bir hazine olarak kalır ve tarih sahnesinde bir olgu olarak var olamaz. Fakat tini tarihe çağıran öznenin tutkusu, istenci nasıl belirleyici ise aynı zamanda tin de kendi öznesini yaratmak için zeminde gizil olarak var olarak belirleyici olur.

Filozof Hegel şöyle diyor: " Hükümdarlardan, devlet adamlarından, halklardan, tarih deneyinden ders almaları istenir. Ama deney ve tarihin öğrettiği de, halkların ve hükümetlerin hiçbir zaman tarihten bir şey öğrenmedikleri ve bunlardan alınabilecek derslere göre davranmadıklarıdır. Her bir dönem, her bir halk, öyle kendine özgü koşullar içindedir, öyle bireysel bir durum gösterir ki, ancak o durumun içinde o duruma göre karar verilmesi gerekir ve ancak böyle karar verilebilir. (Bu kararda haklı olmayı ancak yüce karakterler bilir.) Olayların kalabalığı içinde genel bir ilke, geçmişteki benzer koşulları anımsama yetmez; çünkü böyle solgun bir anı şimdinin fırtınası içinde güçsüzdür, özgürce yaşanan zamana karşı koyamaz..."

HER YER TAKSİM HER YER DİRENİŞ

DOĞUM

"Tohum Nefes Aldı"

3. BÖLÜM

GEZİDE NE OLDU?
(OLAYLAR)

BİR KATALİZÖR: ERDOĞAN/ÖN HAZIRLIK KRONOLOJİSİ

(Tempo Dergisi Özel Gezi Sayısı-Temmuz 2013/Eyüp Erdoğan)

15 Kasım 2005: Avrupa İnsan Hakları Mahkemesi'nin üniversitede türban yasağını onaylayan kararını şöyle yorumladı: "Türban konusunda mahkemenin söz söyleme hakkı yoktur. Söz söyleme hakkı din ulemasınındır."

18 Aralık 2005: Gâvur İzmir Tartışması: AKP İzmir il teşkilatının düzenlediği toplantıda, "İzmir'in üzerinde zaman zaman bazı yakıştırmalar vardır ya, inşallah bu yakıştırmaları ilk seçimde silip atacaktır," dedi ve "gâvur İzmir" tartışmaları başladı.

11 Şubat 2006: "Ananı da al git!" Mersin'de, kendisini bağırarak protesto eden ve "Anamızı ağlattınız!" diye seslenen bir çiftçiyi azarladı: "Lan terbiyesizlik yapma! Hadi ananı da al, git buradan!"

26 Mart 2006: "Senin çocuğun da işsiz kalsın!" AKP Keçiören İlçe Kongresindeki konuşmasında, "Çocuğum işsiz," diyerek tepki gösteren vatandaşa çıkıştı: "Senin çocuğun da işsiz kalsın. Otur, otur. Bana kişisel sorunlarını getirme, genel sorunları getir. Genel nerede, ona bak."

4 Eylül 2006: "Askerlik yan gelip yatma yeri değildir!" Balıkesir'de yaptığı konuşmada terörle mücadeleye değindiği sırada, dinleyicilerden bazılarının, "Şehit cenazesi görmek istemiyoruz!" tepkisine, "Askerlik yan gelip yatma yeri değildir, canım kardeşim!" diye cevap verdi.

14 Aralık 2006: "İki koyun güdemeyenler." Nisan 2007'de erken genel seçime gidilmesini isteyen Cumhurbaşkanı Ahmet Necdet Sezer'i ve seçimin Mart 2007'de yapılmasını isteyen muhalefeti alaycı bir dille yanıtladı: "Hayatında, affedersin, iki koyun gütmemiş olanlar, artık diyorlar ki; 'Erken seçim'. Arkadaş, seçim olsa ülkeye ne kazandıracak?"

16 Mart 2007: "Sayın Öcalan" ve "Kelle" krizi. Erdoğan'ın 2000 yılında bir radyo kanalında yaptığı konuşmasının ses kaydı, 16 Mart 2007 tarihinde gündeme geldi. Abdullah Öcalan için "Sayın", şehitler için "Kelle" demesi üzerine şehit aileleri ülke genelinde eylemler yaptı.

7 Mart 2008: "Üç çocuk yapın." Uşak'ta yaptığı konuşmada, "Bunlar Türk milletinin kökünü kazımak istiyor. Yaptıkları aynen budur. Genç nüfusumuzun azalmaması için en az üç çocuk yapın," dedi. Bu tarihten sonra hemen her konuşmasında üç çocuk yapılmasını istedi.

22 Nisan 2008: "Ayaklar baş olursa." 1 Mayıs İşçi Bayramı'nı Taksim Meydanı'nda kutlamak isteyen sendikaları şöyle yanıtladı: "Ayaklar baş olursa kıyamet kopar!"

11 Eylül 2008: "Hayatı şişenin içinden görenler" Moda İskelesi'nde uygulanan içki yasağını protesto edenleri "Hayatı şişenin içinden görenler" olarak niteledi.

26 Şubat 2010: "Köşe yazarları her istediğini yazamaz." AKP Genişletilmiş İl Başkanları Toplantısında, basın özgürlüğünü kısıtlayan bir açıklama yaptı: "Köşe yazarları her istediğini yazamaz! Patron gerekirse, 'Kusura bakma, sana burada yer yok!' demelidir. Herkes çizgisini bilsin! Köşe yazarlarını uyarmak zorundayım! Maaşını ödediğin yazara hâkim ol!"

19 Mayıs 2010: "Bu mesleğin kaderinde bu var!" Zonguldak'ta otuz madencinin göçük altında kaldığı madenin önünde toplananlara seslenirken, madenciler için ölümü sıradanlaştırdı: "Bu bölgenin insanı bu tür olaylara alışık! 1990'lı yıllardan bugüne Zonguldak'ta bu tür faciaları hep yaşadık. Kömür ocaklarına ben de indim. Bu mesleğin kaderinde bu var!"

17 Ağustos 2010: "Bitaraf olan bertaraf olur!" Katıldığı bir televizyon programında, 12 Eylül'de yapılacak Anayasa referandumunu değerlendirirken süreci eleştiren TÜSİAD'a yüklendi: "TÜSİAD, bu Anayasa değişikliğini beğenmiyorsa, çıksın açıkça 'Hayır' desin, neden olduğunu da söylesin. Desin ki, 'Ben bu 26 maddenin şu maddelerine, şu gerekçe ile karşıyım'. Ama diyemiyorsun, o zaman da çık açıkça, 'Ben bu değişikliği destekliyorum,' de. Çünkü bitaraf olan bertaraf olur derler."

9 Ocak 2011: "Ucube heykel" Kars'ta, heykeltıraş Mehmet Aksoy'un 'İnsanlık Anıtı' isimli eseri için,"Hasan Harakani'nin türbesinin yanına bir ucube koymuşlar, garip bir şey dikmişler. Oradaki tüm vakıf eserlerinin, o sanatkârane eserlerin olduğu yerde, böyle bir şey olması düşünülemez!" dedi ve ardından heykel AKP'li belediye tarafından yıkıldı.

14 Ocak 2011: "Tıksırıncaya kadar içiyorlar!" AKP Genel Merkezinde düzenlenen Genişletilmiş İl Başkanları toplantısındaki konuşmasında içki içenlere yönelik alaycı sözler kullandı: " Kimsenin yeme içmesine kısıtlama getirmiyoruz. Aksırıncaya, tıksırıncaya kadar içiyorlar."

4 Mayıs 2011: "Bu özel değil, genel, genel!" Bazı milletvekillerinin yasa dışı şekilde kaydedilen cinsel içerikli görüntüleriyle ilgili olarak bu kayıtların özel hayat olmadığını savundu: "Yahu kendi eşiyle mi bir şey oluyor da, özel oluyor. Bu özel değil. Bu genel, genel. Bu genel bir ahlaksızlıktır!"

5 Mayıs 2011: "Kendisi de Alevidir ya..." Amasya'da yaptığı mitingde ısrarla CHP Genel Başkanı Kemal Kılıçdaroğlu'nun mezhebi üzerinden inanç farklılığına vurgu yaptı: "Malum Alevilik kültüründendir ya, kendisi de Alevidir ya..."

31 Mayıs 2011: "Adını bile anmak istemiyorum!" Hopa ziyareti sırasında yapılan bir gösteride, Metin Lokumcu adlı öğretmenin biber gazı nedeniyle hayatını kaybetmesinin ardından eylemcileri "eşkıyalar" olarak niteleyip, "Biri ölmüş, adını bile anmak istemiyorum!" sözlerini sarf etti.

3 Haziran 2011: "Kız mıdır kadın mıdır?" Konya'da yaptığı konuşmasında, Artvin'in Hopa ilçesinde hayatını kaybeden Metin Lokumcu'nun ölümünü protesto ederken, polis müdahalesi sonucu kalçası kırılan Dilşat Aktaş'tan, "O kadın kız mıdır, kadın mıdır?" diye söz etti.

20 Haziran 2011: "Ne affedersiniz Rumluğumuz kaldı." Bir televizyon programında, kendisini eleştirenlere seslendi: "Bizim için de neler yazdılar. Ne Yahudiliğimiz, ne Ermeniliğimiz, ne affedersiniz Rumluğumuz kaldı."

2 Şubat 2012: "Dindar nesil yetiştireceğiz." Kendisine "din tüccarı" diyen Kemal Kılıçdaroğlu'nu yanıtlarken şöyle konuştu: "Dindar nesil yetiştireceğiz. Muhafazakâr demokrat partisi kimliğine sahip bir partiden ateist gençlik yetiştirmemiz mi bekliyorsun?"

26 Mayıs 2012: "Her kürtaj bir Uludere'dir." Kürtajla ilgili düzenlemeleri savunurken, kürtajı cinayetle bir tuttu: "Kürtajı bir cinayet olarak görüyorum ve bu ifademe karşı çıkan bazı çevrelere, medya mensuplarına da sesleniyorum; yatıyorsunuz kalkıyorsunuz 'Uludere' diyorsunuz. Her kürtaj bir Uludere'dir."

6 Ağustos 2012: "Ucube cemevi!" Karacaahmet mezarlığı yanındaki cemevi için, "O cemevi bir ucube olarak yapıldı orada. Hâlâ kaçaktır. Ruhsatı yoktur. Karacaahmet Türbesi'nin yanında ucube olarak durur," diyerek Alevilerin tepkisini çekti.

1 Eylül 2012: "Benim evladım geri zekâlıdır diyor." 4+4+4 eğitim sistemi çerçevesinde 66 aylık çocuklarının okula başlamaması için rapor alan aileleri, çocuklarına hakaret etmekle suçladı: "Bu 66 ay meselesinde gidip rapor alanları ben evlatlarına ihanetle vasıflandırıyorum. Niye? 'Benim evladım geri zekâlıdır,' diyor."

20 Ekim 2012: "Yezidi de olsa..." Elazığ'da halka seslenirken bir kez daha din ayrımına vurgu yaptı: "Sevgili kardeşlerim, Yezidi de olsa, teröre bulaşmadığı sürece insana insan olduğu için yine değer veririz."

25 Kasım 2012: "Muhteşem Yüzyıl" TV dizisi. "Muhteşem Yüzyıl"ı eleştirdi: " Bizim öyle bir ecdadımız yok. Biz öyle bir Kanuni tanımadık, onun ömrünün otuz yılı at sırtında geçti. O gördüğünüz dizilerdeki gibi geçmedi. Bunu çok iyi bilmemiz lazım. Ben o dizilerin yönetmenlerini de o televizyonun sahiplerini de milletimin huzurunda kınıyorum. Bu konuda da ilgilileri uyarmamıza rağmen, yargının da gerekli kararı vermesini bekliyoruz."

21 Aralık 2012: "Yetiştirdiğiniz öğrenciler bunlarsa..." ODTÜ'de öğrencilerin kendisini protesto etmesinden sonra üniversite yönetimini suçladı: "Yetiştirdiğiniz öğrenciler bunlarsa, bu ülke batmış."

10 Mart 2013: "Nankörlük yapma!" Silopi'de özel bir şirkete ait termik santralin açılışında, tesisi protesto eden vatandaşı azarladı: "Nankörlük yapma! Ekmek bulamazsınız yemeğe, ekmek gelir, sonra da ekmeği tepersiniz!"

19 Nisan 2013: Tabelalardan T.C. ibaresinin kaldırılması. Sağlık Bakanlığı logosu ve bazı valilik tabelalarından T.C. ibaresinin kaldırılmasıyla ilgili yorumu: "Haberim yok. Ama bu karar alındıysa, arkasında durulmalıydı."

24 Mayıs 2013: " Kafa kıyak dolaşan nesil!" Alkol satışına ve tüketimine sınırlamalar getiren yasal düzenlemeyi şöyle değerlendirdi: "Gece gündüz kafa kıyak dolaşan bir nesil istemiyoruz."

28 Mayıs 2013: "İki ayyaşın yaptığı yasa!" Alkol düzenlemesiyle ilgili kendisine yapılan, "Dini referans alıyor," eleştirilerini, yasaları din temeline oturtarak savundu: "Doğruyu emrediyorsa, bunu din emrediyor diye karşı mı duracaksın? İki tane ayyaşın yaptığı yasa sizin için muteber oluyor da, inancının emrettiği bir gerçek, bir vaka, niçin sizler için reddedilmesi gereken bir olay hâline geliyor!"

2 Haziran 2013: "Birkaç çapulcu!" Gezi eylemcilerini şöyle tanımladı: "Birkaç çapulcunun o meydana gelip insanımızı yanlış bilgilendirerek tahrik etmesine pabuç bırakmayız!"

Everyday I'm
ÇAPULING!

GEZİ OLAYLARI KRONOLOJİSİ

27 Mayıs: Gezi Parkı'nın Divan Oteline bakan duvarın üç metrelik kısmı gece 22.00 civarında yıkıldı. Aynı zamanda beş ağaç da yerinden söküldü. Taksim Dayanışması üyeleri iş makinelerinin önüne geçerek daha fazla yıkım yapılmasının engelledi. Elli kişi parkta çadır kurarak sabaha kadar nöbet tuttular.

28 Mayıs: Sabah Gezi Parkı'na daha fazla protestocu geldi, yıkım çalışmalarını engellediler. Destek amacıyla CHP ve BDP milletvekilleri parka geldiler. CHP Parti Meclisi üyesi Gülseren Onanç ve BDP İstanbul Milletvekili Sırrı Süreyya Önder'in Taksim Parkı yıkım alanına girip yıkım kararını istemeleri üzerine, dozerler ve polis çekildi. Gecelemek için çadırlar kuruldu.

29 Mayıs: Polisler sabah saat 05.00 civarı parkta kalanlara müdahalede bulundular. Çadırlar kaldırıldı ve inşaat ekibi çalışmalarına tekrar başladı. Başbakan Erdoğan, bu konuda kararlı olduklarını belirtti. CHP Genel Başkanı Kemal Kılıçdaroğlu, Gezi Parkı'na gelerek protestoculara destek verdi ve her gün bir CHP milletvekilinin bu protestolara katılacağını

açıkladı. Günün ilerleyen saatlerinde BDP milletvekili Sırrı Süreyya Önder'in de desteğiyle bir grup, yıkım çalışmalarını tekrar engelledi. Gecelemek için yeni çadırlar kuruldu.

30 Mayıs: Sabah erken saatlerde polis saldırısı ve çadırların yakılması üzerine on binlerce kişi Gezi Parkı'na akın etti. Park bir şenlik alanına dönüştürüldü.

31 Mayıs: Sabah 00.05'te yeni bir polis saldırısı oldu. BDP milletvekili Sırrı Süreyya Önder, omzuna gaz bombası isabet etmesi nedeniyle yaralandı. CHP milletvekili Sezgin Tanrıkulu gaz bombasının etkisiyle fenalaştı. Yaralı sayısının çokluğu ve bölgedeki hastanelerin yeterli olamaması nedeniyle Türk Tabipleri Birliği geçici bir acil müdahale birimi kurdu. Aynı gün İstanbul dışındaki birçok şehirde de protesto yürüyüşleri düzenlendi. Yapılan bir başvuru sonrası, İstanbul 6. İdare Mahkemesi, Topçu Kışlası projesi hakkında yürütmeyi durdurma kararı verdi. Polisin sabah 10.00'da başlattığı müdahale aralıksız ertesi gününün sabah saatlerine kadar devam etti. Gece Çarşı Grubu başta olmak üzere futbol taraftarları Gezi Parkı'na girmeyi başardılar.

1 Haziran: Sabah saatlerinde İstanbul'un Anadolu yakasında toplanan halk Boğaziçi Köprüsü üzerinden yürüyüşe geçti. Tencere-tava çalarak şiddeti protesto eylemleri başladı. Polis, gruba Beşiktaş'ta gaz bombaları ve tazyikli su ile müdahale etti. CHP Genel Başkanı Kemal Kılıçdaroğlu, Kadıköy Meydanı'nda düzenleyecekleri mitingi Taksim Meydanı'na aldıklarını açıkladı. Eylemler neredeyse bütün şehirlere yayıldı. Beşiktaş'ta toplanan on binlerce insan Kılıçdaroğlu ve CHP milletvekilleriyle birlikte Taksim'e doğru yürüyüşe geçti. Taksim Meydanı ve çevresindeki polisler saat 15.45'ten itibaren araçlarını bırakarak geri çekildiler.

2 Haziran: Türk Tabipleri Birliği'nin yayınladığı rapora göre İstanbul ve Ankara'da binden fazla yaralı olduğu açıklandı. Rapora göre "gözlerini kaybeden birçok kişi de dâhil olmak üzere" yaralanmaların çoğu, hedef alınarak tazyikli su sıkılması, göz yaşartıcı bomba ve plastik mermilere direkt maruz kalmaları sebebiyle gerçekleşti. Uluslararası Af Örgütü'ne göre orantısız gaz bombası kullanılması birçok ciddi yaralanmalara yol açtı. Olaylar, özellikle Erdoğan'ın Habertürk TV'de Teke Tek programında kararlılığını belirtmesi ve eylemcileri "çapulculuk" la suçlamasıyla daha da büyüdü. Ümraniye'de bir taksinin kalabalığa girmesi sonucu **Mehmet Ayvalıtaş** yaşamını yitirdi. Ankara, İzmir, Eskişehir ve Adana'da yoğunlaşan gösterilere polisin sert şekilde müdahalesi üzerine çok sayıda yaralanma oldu. Gezi eylemcileri Taksim'de sokaklarda çevre temizliği yaptılar.

3 Haziran: Güne %7'lik sert bir düşüşle başlayan İMKB, son on yılın en büyük düşüşünü yaşadı ve günün sonunda %10.47 değer kaybetti. Gece Dolmabahçe ve Beşiktaş'ta başlayan olaylar sabah da sürdü. Polisler biber gazı ve tazyikli suyla müdahale ederken, eylemciler kaldırım taşlarından barikatlar kurdu.. Dolmabahçe Cami geçici revir hâline getirildi. Fas gezisine çıkmadan önce Başbakan'ın, "Evinde zorla tuttuğumuz %50 var!", tencere tava eylemleri için, "Tencere tava hep aynı hava'" sözleri ve Reuters muhabiriyle girdiği polemik gerginliğin sürmesine neden oldu. Buna karşılık Cumhurbaşkanı Abdullah Gül olayları sakinleştirmek için taraflarla görüşmeye başladı. Ankara'daki eylemler 4. gününde tüm şiddetiyle sürdü. Hatay'ın Armutlu ilçesinde **Abdullah Cömert** aldığı darbe sonucu yaşamını yitirdi.

4 Haziran: Beşiktaş'ta ve Gazi Mahallesi'nde çatışmalar arttı. Halk sokaklarda tencere tava çalarak yürüdü. Polis Abdullah Cömert'in cenazesine saldırdı.

5 Haziran: KESK'in başlattığı iş bırakma eylemine DİSK, TTB ile TMMOB da katıldı. Miraç Kandili dolayısıyla İstanbul Gezi Parkı'nda Çarşı Grubu polislere ve halka kandil simidi dağıttı, Gezi Parkı'ndaki gruplardan İhsan Eliaçık yönetimindeki Antikapitalist Müslümanlar dua ettiler. Adana'da komiser **Mustafa Sarı,** eylemcileri kovalarken inşaatı devam eden bir köprüden düşerek hayatını kaybetti. Adana ve Mersin'de çatışmalar ve gerginlik geç saatlere kadar devam etti.

6 Haziran: Taksim'de göstericilerin işgali devam etti. Ancak herhangi bir polis müdahalesi olmadı. Ankara, İzmir'de ise yer yer polis müdahaleli protestolar, -Adana, Hatay ve Eskişehir gibi pek çok ilde olduğu gibi- devam etti. Başbakan Tunus'taki konuşmasında katı tutumunu sürdürdü.

7 Haziran: Başbakan Tunus'tan dönüşünde havalimanında kendisini, "Yol ver geçelim, Taksim'i ezelim," diye karşılayan on bin civarında kişiye seslendi. Olaylar için faiz lobisini sorumlu tutan Başbakan, kışla ve AKM konusundaki ısrarından vazgeçmedi. Cuma nedeniyle Gezi Parkı'nda Antikapitalist Müslümanlar cuma namazı kıldı. Parkta Gezi bostanı kuruldu.

8 Haziran: Beşiktaş, Fenerbahçe ve Galatasaray taraftar gruplarının çağrısıyla Taksim Meydanı en kalabalık günlerinden birini yaşadı. Parkın gazetesi Gezi Postası ve Gezi Radyo yayın hayatına başladı. İstanbul Büyükşehir Belediyesi Başkanı Kadir Topbaş düzenlediği basın toplantısında, Gezi Parkı'nın yerine alışveriş merkezi, otel ve rezidansın yapılmayacağını, kent müzesi olabileceğini, böyle bir du-

rumda ise mimarlar ile görüşülebileceğini açıkladı. AKP 15 ve 16 Haziran'da sırasıyla Ankara ve İstanbul'da iki büyük miting yapacağını açıkladı.

9 Haziran: Gezi Parkı'nda eylemciler toplanmaya devam ettiler. Tam bir yardımlaşma içerisinde olan direnişçiler, evlerinden yiyecek, içecek ve çeşitli yardım gereçlerini getirerek birbirleriyle paylaştılar. Türkiye'de kurulan ilk doğrudan demokrasi ve komün alanı hâline gelen Taksim Meydanı ve Gezi Parkı dünya basınında baş sayfalarda yer aldı. Çevreye barikatlar kurulduğundan Gezi Parkı'na polis müdahalede bulunamadı. Park'ta toplanan onlarca kişiye gönüllü doktorlar tarafından uygulamalı ilk yardım dersleri verildi.

10 Haziran: Ankara'daki çatışmalarda Ethem Sarısülük polis kurşunuyla yaralandı. Yeni Şafak gazetesi Mehmet Ali Alabora'yı hedef gösterdi.

11 Haziran: Polis sabah erken saatlerinde barikatları temizleyerek Taksim Meydanı'na girdi. Meydana hâkim olan polis, AKM binası ve Cumhuriyet anıtı üzerinde bulunan pankartları topladı. Vali Hüseyin Avni Mutlu Gezi Parkı'na müdahale edilmeyeceğini açıkladı. BM, ABD, Uluslararası Af Örgütü ve bazı ülkeler orantısız güç kullanılmaması ve gösteri haklarına saygı gösterilmesi çağrısında bulundu.

12 Haziran: Sabah saat 04.00'a kadar süren olaylar polisin çekilmesi ile sakinleşti. Aynı gün Başbakan Tayyip Erdoğan, Gezi Parkı'ndan eylemlerde yer alan grupların bazılarının temsilcileri ile bir araya geldi. Bu toplantının ardından AKP Genel Başkan Yardımcısı Hüseyin Çelik referanduma gidebileceklerini ilk kez dile getirdi. Taksim Meydanı'nda İtalyan piyanist Davide Martello ve bazı eylemciler piyano dinletisi sundular.

13 Haziran: Gezi Parkı ve İstanbul'da tencere tava eylemleri haricinde gün sakin geçti. Buna karşılık Ankara, Adana gibi pek çok il ve ilçede halk protestoya ve polis müdahaleye devam etti. Başbakan sert üslupla konuşmayı sürdürdü. Avrupa Parlamentosu eylemlerdeki şiddet için Türk hükümetini kınarken, Erdoğan bu kararı tanımadığını belirtti. Eylemcilerin anneleri alanda toplanıp gösteri yaptı.

14 Haziran: Başbakan Erdoğan, Gezi Parkı'ndan eylemlerde yer alan grupların bazılarının temsilcileri ile ikinci kez bir araya geldi. Bu kez temsilciler arasına Taksim Platformu'nu temsil edenler de katıldı. Başbakan, DİSK Genel Sekreteri Arzu Çerkezoğlu'na sinirlenip toplantıyı terk etti. BBC, NTV ile ortaklığını askıya aldı. Daha önce yaralanan **Ethem Sarısülük** hayatını kaybetti.

15 Haziran: Tayyip Erdoğan, Ankara'nın Sincan bölgesinde yaptığı "Milli İradeye Saygı" mitinginde, "Taksim Meydanı boşaldı, boşaldı; yoksa güvenlik güçlerimiz boşaltmasını bilir," dedi. Saat 20.50'de polisin korkunç saldırısı başladı ve kısa sürede polisler Gezi Parkı'na girdi. Polis, önüne çıkan her şeyi dağıtarak göstericileri Harbiye yönüne doğru sürdü. Yaralılara kapılarını açan Divan Oteli başta olmak üzere -revir görevi yapan- her yere saatlerce gazlı saldırı bulunuldu. Eylemlerde en sert müdahalenin yapıldığı günlerden olan 15 Haziran tarihi özellikle Divan Otele sığınanlar arasında çocukların olmasından ötürü büyük tepkiye neden oldu. Aynı gün doktorlar gözaltına alındı. Taksim Meydanı ve Gezi Parkı'nın boşalmaya başlamasının ardından kalabalıklar Harbiye, İstiklal Caddesi ve Tarlabaşı yönlerinde toplanmaya başladı. Saat 23.00 civarından itibaren Taksim'in yanı sıra İstanbul'un Kartal, Ortaköy, Kadıköy, Etiler, Gazi Mahallesi gibi bölgelerinde de protesto gösterileri tekrar başladı.

16 Haziran: Gece yarısından itibaren gösteriler İstanbul'un diğer bölgelerine de yayıldı. İlk kez polis kuvvetlerine ek olarak jandarma ekipleri de göstericilere Divan Oteli ve çevresinde müdahale etti. Boğaziçi Köprüsü'nden Taksim'e doğru yürüyüşe geçen gruplara polis ve jandarma müdahalede bulundu. Gecenin geç saatlerinde jandarma köprüden çekilince gruplardan bir kısmı köprüyü geçip Mecidiyeköy'e kadar ulaştı. Polis gruba gece 02.15 civarı TEM-Okmeydanı bağlantı yolunda müdahale etti. Gece geç saatlerden sabaha kadar Akaretler, Taksim-Karaköy arası, İstiklal Caddesi, Harbiye, Tarlabaşı gibi bütün yollardan Taksim'e çıkan gruplara polis müdahaleleri devam etti. Polislerin halka basınçlı su sıkan TOMA araçlarının su tankına kimyasal madde koyduğu daha sonra medyada yer aldı. Başbakan "Milli İrade'ye Saygı" mitinglerinin ikincisini Kazlıçeşme'de düzenledi. Bu miting sonrasında da gece boyunca olaylar ve polis müdahaleleri sürdü. Ankara, Mersin, Adana, İzmir gibi pek çok ilde gösteriler gün boyu da devam etti. Ankara'da ölen Ethem Sarısülük'ün cenazesinin Kızılay Meydanı'na getirilmek istenmesi üzerine olaylar çıktı.

17 Haziran: DİSK ve KESK sendikaları genel greve gittiler. Bazı üyeleri gözaltına alınan Çarşı Grubu, destek için Abbasağa Parkı'nda eylemsizlik duruşu ile hükümeti protesto etti. Erdem Gündüz isimli bir kişi Taksim AKM önünde polisin müdahalelerini protesto için AKM önünde sessizce ayakta durma eylemi başlattı. Protesto başladıktan sonra kısa sürede "duran adam" eylemine destek olanların sayısı arttı.

18 Haziran: Başbakan sert üslubunu sürdürdü, polisi daha da güçlendireceğini ve eylemlerde polisin çok başarılı bir demokrasi sınavı verdiğini şiddet uygulayanların terörist ve anarşist gruplar olduğunu söyledi. Eskişehir'de gerginlik ve

yer yer polis müdahalesi oldu. İstanbul'da ise halk Taksim'de gözaltılara karşın AKM'de Atatürk posteri önünde ayakta durma eylemi yaptı; Türkiye'nin ve İstanbul'un pek çok yerinde ayakta durma ve tencere tava eylemleri yapıldı.

19 Haziran: "Duran adam" eylemleri tüm Türkiye'de devam ederken, Çarşı Grubu Abbasağa Parkı'nda, diğer eylemciler ise çeşitli parklarda forumlar düzenlediler.

20 Haziran: Eskişehir'deki protesto gösterilerine öğrencilerin yanında Eskişehir Spor taraftarları da katıldı. Başbakan Erdoğan'ın Akdeniz Oyunları açılış töreni için geldiği Mersin'de olaylar gün boyunca sürdü, ikisi polis 6 kişi yaralanırken 8 kişi gözaltına alındı. Ankara'da ise Kuğulu Park'ta toplanıp yürüyüşe geçen gruba Kennedy Caddesi'nde polis gaz bombası ve tazyikli suyla müdahale etti. İzmir'de Gündoğdu meydanında kurulan Gezi Parkı çadırlarını kaldırmak isteyen polisle protestocular arasında çıkan tartışma ve protestolar polis müdahalesi ile sonuçlandı.

21 Haziran: Mersin, Ankara, İzmir gibi pek çok ilde gösteriler devam ederken, "Duran Adam" eylemleri de hız kesmeden devam etti. Ankara ve Mersin'de yer yer polis müdahaleleri oldu. Halk; Abbasağa, Büyükdere, Yoğurtçu Parkı gibi parklarda İstanbul'da toplanıp forumlara devam etti. Bu arada polis yüz bin göz yaşartıcı gaz kartuşu ve altmış yeni TOMA alacağını duyurdu.

22 Haziran: Gezi olaylarında ölen gençleri anmak için karanfillerle Taksim'de toplanıldı. Başbakan Samsun'daki konuşmasında "biber gazı istemeyenlerin rahat durmaları" gerektiğini söyledi ve sert üslubunu sürdürdü. Gezi Parkı'na dokuz kişilik bir grup özel izinle karanfil bıraktı. Halk polise

karanfil dağıtmaya çalıştı; ancak polis gruplara önce basınçlı su, cop, ardından biber gazı ile müdahale etti. Polis Ankara'da Dikmen, Kuğulu Park, Kennedy Caddesi'ndeki gruplara sert müdahalelerde bulundu. Dikmen'deki ağır müdahale tepkilere neden olurken, polisin yerli ve yabancı gazetecilere müdahalesi de gözden kaçmadı.

23 Haziran: Sabahın erken saatlerine kadar Taksim çevresinde ve Ankara'da gösteri, polis müdahaleleri ve çatışmalar devam etti. Sonrasında ise göstericiler İstiklal Caddesi, Tarlabaşı gibi Taksim çevresindeki bölgelerde eylemlerine son verdiler, gözaltılar yaşandı. Ankara'da Dikmen gibi çeşitli semtlerde ve Adana gibi illerde protestolar ve polis müdahaleleri devam etti.

24 Haziran: Başbakan polis akademisinde yaptığı konuşmada, "Polisimiz kurşun yiyor, karşılığında su ve biber gazı sıkıyor. AB müktesebatında da polisin su ve gaz sıkma hakkı olduğu görülür. Türkiye'nin polisi konusunda takdirde bulunacak merci başka ülkelerin parlamentoları değil millettir. Polisimize nasıl şiddet uygulandığını gösteren görüntüleri önümüzdeki günlerde ortaya koyacağız," dedi ve polisin başarılı bir demokrasi sınavı verdiğini söyledi. "Duran adam" eylemleri devam ederken; gezi protestolarında polis kurşunu ile hayatını kaybeden Ethem Sarısülük'e ateş eden polisin serbest bırakıldığı haberinin ulaşması üzerine Ankara, İstanbul'da eylemler yapıldı.

28 Haziran: Lice'de **Medeni Yıldırım** çıkan çatışmada hayatını kaybetti.

10 Temmuz: 2 Haziran 2013 günü Eskişehir'de polis şiddetinden kaçarak sığındığı ara sokakta sivil giyimli 5-6 kişinin saldırısına uğrayarak ağır yaralanan **Ali İsmail Korkmaz** öğle saatlerinde yaşamını yitirdi. Ön otopsi raporunda, "Darba bağlı beyin içi kanamasının olması ve kanamanın devam etmesi neticesi ölüm," denildi.

30 Eylül: İstanbul Gülsuyu'nda çıkan çatışmada **Hasan Ferit Gedik** hayatını kaybetti.

10 Eylül: Hatay'ın merkez Antakya İlçesi'nde ODTÜ'deki protestolara destek vermek ve 'Gezi Parkı' protestolarında hayatını kaybeden Abdullah Cömert'in faillerinin bulunması için düzenlenen eylemde ağır yaralanan **Ahmet Atakan** hayatını kaybetti.

11 Mart 2014: Taksim Gezi Parkı protestoları sırasında, 16 Haziran 2013 tarihinde, polis tarafından atılan göz yaşartıcı gaz kapsülünün başına isabet etmesi üzerine 269 gün komada kalan **Berkin Elvan** 15 yaşında hayatını kaybetti. Berkin Elvan'ın cenaze töreni Türkiye tarihinin en geniş katılımlı cenaze töreni oldu.

11 Mart 2014: Berkin Elvan'ın cenaze töreninde yaşananları protesto etmek için Tunceli'de düzenlenen eylemlerde polis memur **Ahmet Küçüktağ** görevli olduğu ekip otosu içinde aniden fenalaşması sonucu hayatını kaybetti.

Yaşamını yitiren gençlerle birlikte, Lobna Allami başta olmak üzere pek çok gencin ağır yaralanıp, fiziksel kayıplara uğradığı, gözaltına alındığı, eylemlere katıldığı için işsiz kaldığı gerçeği Gezi eylemlerinin belleklerden silinmeyecek gerçeğidir. Ana akım medyanın eylemeleri bilerek görmeyip, "penguen medya" ya dönüşmesi, buna karşın dünya basının eylemleri pür dikkat ve eylemcilerin yaratıcılığını şaşkınlıkla takip etmesi, Türkiye'de +1 TV, Halk TV, Ulusal TV, Cem TV gibi küçük medya kuruluşlarının halk için ana akım medya hâline dönüşmesi, dünyaca ünlü filozof ve sanatçılardan eylemcilere gösterilen samimi destek ve çağırılar da belleklerde yerini almış oldu.

ABİLERİNE SELAM SÖYLE ÇOCUK...

9 Ocak 1999 yılında doğdu. Fuat Soylu İlköğretim Okulunda öğrenciydi. Olay günü annesi dışarıdaki karmaşan kaçamaz diye annesinin yerine fırına ekmek almaya kendisi gitmek istedi. Sokakta polis tarafından başına isabet eden gaz kapsülü nedeni ile komaya girdi. 269 gün komada mücadele verdi. Komada 16 kiloya düştü. 11 Mart 2014'te 15 yaşında ölümsüzlüğe uğurlandı...

SİNİRLENİNCE ÇOK GÜZEL OLUYORSUN TÜRKİYE'M!

(Taksim'de Gezi Parkı ve İstiklal Caddesi'nde eylemcilere dönük aralıksız süren polis müdahalesine sinirlenen insanlar Anadolu yakasından "Her Yer Taksim her Yer Direniş" sloganıyla (1 Haziran sabaha karşı saat: 04:00) Taksim'e doğru yürüyüşe geçtiler.)

"NE SAĞCIYIZ NE SOLCU, ÇAPULCUYUZ ÇAPULCU!"

"Genel olarak, tanınan "tanınan" olduğu için "bilinen" değildir. Bilgilenmede bir şeyi tanıdık olarak varsaymak ve bu yüzden onu kabul etmek kendini ve başkalarını aldatmanın en genel yoludur." *-Hegel*

ÇAPULCU BİLEŞENLERİ

Futbol Taraftarları
Apolitik Gençler
Politik Gruplar
Anneler
Köylüler
LGBT
Anti-Kapitalist Müslümanlar
Toma-Biber Gazı

FUTBOL TARAFTARLARI - İSTANBUL UNİTED

Gezi eylemlerinin en şaşırtıcı bileşenlerinin başında, bugüne kadar hiçbir şekilde bir araya gelmemiş, hatta futbol müsabakaları sebebiyle, zaman zaman birbirlerine düşmanca tutum sergilemiş futbol taraftarları geldi. Bu buluşmada Çarşı Grubunun büyük katkıları olduğunu tüm taraftarlar kabul ediyor. Çarşı Grubunun Dolmabahçe'de kepçe ve dozerle toma kovalaması, Gezi Parkı'na girilmesinde gösterdiği cesaret, "Sahibinden Satılık İkinci El Toma" ilanı kısa sürede tüm eylemciler arasında grubun bir kahramanlar ordusuna, bir efsaneye dönüşmesine neden oldu.

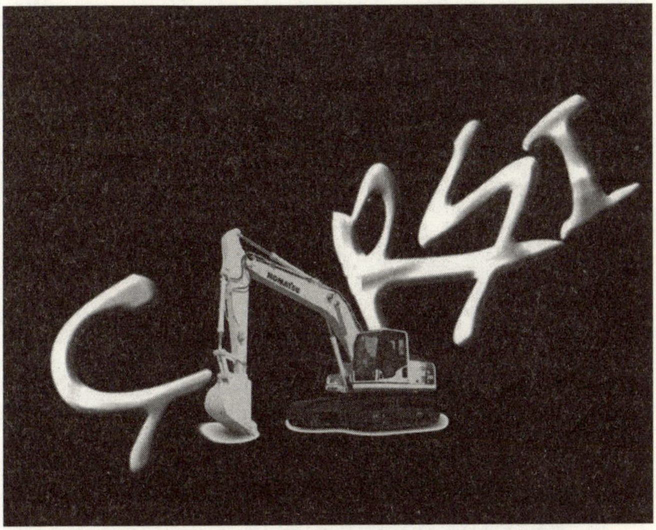

Bir arada omuz omuza verip kortejler düzenlenmesi, futbol müsabakalarında 34. dk.da "Her Yer Taksim Her Yer Direniş" sloganlarının atılması, Fenerbahçe taraftarının Ali İsmail Korkmaz için statlarda, sokaklarda marş söylemesi "Gezi Ruhu"nun temel unsurlarından biri oldu.

Taraftarların Gezi Eylemlerinden Bazı Duvar Yazıları:
-Allah'ını seven defansa gelsin!
-Bize yüz gaz maskesi verin parkı alalım!
-Çarşı'dan koca arıyorum!
-Çare Drogba
-İstanbul 2020 "Bi Linç Together"
-Alex bile gitti sen mi gitmicen!
-Holosko+para verelim, hükümeti verin!

Ayşe Acar

APOLİTİK GENÇLER

Futbol taraftarlarını da içinde barındıran bu grup, bilgisayar oyunları ile yakından ilgili gençler, sol ya da sağ siyasetle bir ilişkisi olmayanlar, kapitalist kültürün "tüketicisi" olarak tanımlanan insanlardan oluşmaktadır. Justin Bieber tişörtü ile eylemlere katılan, biber gazı etkisiyle rimelinin akmasından endişe duyanlar bu bileşenin seçkin üyeleri arasında yer aldılar.

Apolitiklerin Gezi Eylemlerinden Bazı Duvar Yazıları

RED HOT CHILI TAYYİP
BİBER GAZI CİLDİ GÜZELLEŞTİRİR
GTA'DA POLİS DÖVEN NESİLE BULAŞTIN
155 BENİ ARA
YETER ARTIK POLİS ÇAĞIRACAM BAK
JUST İN BİBER
YENİ DEMOKRATİK GENÇLİK TEK YOL ÇUKULATA

POLİTİK GRUPLAR

Planlı, programlı, organize edilmiş eylem tecrübeleri Gezi eylemlerinden önce de var olan bu bileşende, antikapitalistler, sol-sosyalist gruplar, Redhack, siyasi partilerin üyeleri, sendikalar, belirli bir siyasi görüş etrafında organize olmuş sivil toplum kuruluşları yer aldı. Bu bileşene mensup olanlar Gezi eylemleri esnasında kurulan stantlarda kitlelere konuşmalar yapmış, Başbakan'la yapılan görüşmeye katılmış ve hem eylemler esnasında hem eylemler sonrasında televizyon ekranlarından konuşan kişiler olmuşlardır. Genel kitlenin yalnızca bir bileşeni olan bu grup Gezi'yi kendi bulundukları ideolojileri üzerinden değerlendirmişlerdir, bu değerlendirme bütünsel bir Gezi değerlendirmesi olamamıştır. Politik gruplar Gezi eylemlerinde duvar yazıları yazmaktan ziyade kullandıkları sloganlarla yer almışlar ve bu sloganlar zaman zaman sokaklarda genel kitle tarafından da kullanılmıştır.

-FAŞİZME KARŞI OMUZ OMUZA
-YA HEP BERABER YA HİÇBİRİMİZ
-MAHİR ULAŞ, KURTULUŞA KADAR SAVAŞ
-YAŞASIN HALKLARIN KARDEŞLİĞİ

ANNELER

İstanbul Valisi Hüseyin Avni Mutlu'nun Gezi'yi boşaltmak için ailelere yaptığı, "Çocuklarınızı alın can güvenliği yok," çağrısı annelerin de Gezi eylemlerine dâhil olmasını sağladı. "Diren Bayan" annelerin Taksim çıkarmasında TOMA'ya karşı "bir müdahale aracı olarak terlik" kıyaslaması şöyle yapıldı:

Toplumsal Olaylara Müdahale Aracı:
Etkin Mesafe: 50 m.
Kullanım Süresi: Suyu bitene kadar
Maks. Hız: Saatte 60 km.
İsabet Oranı: %76
Korku/Travma Etkisi: Geçici

Terlikle Olaylara Müdahale Aracı:
Etkin Mesafe: “Gözünün alabildiğince” m.
Kullanım Süresi: Sınırsız
Maks. Hız: Saatte 267 km.
İsabet Oranı: %140
Korku/Travma Etkisi: Kalıcı

Annelerin Gezi eylemlerine katılmasıyla dantel örtülü AKM ve dantelli toma esprileri sosyal medyada yerini alırken, annelere özel “ihtiyaç listesi” şöyle belirlendi:

-Çadırda dantel örmek için tığ-iplik
-Polisin kafaya atmalık terlik
-Sırta koymalık havlu
-Toma çalışırken temizlenecek kirli halılar
-Taşa oturanların altına koymalık halılar

Gezi eylemlerine dâhil olan anneler, yurt genelinde başlayan ve Başbakan’ın büyük öfke duyduğu “tencere-tava” eylemlerinin de yaratıcısı ve uygulayıcısı oldular.

Ayşe Acar

KÖYLÜLER

Türkiye'nin hemen her ilinde karşılık bulan gezi eylemlerine köylerden gelen fotoğraflı destekler büyük sevinç uyandırdı. "Her Yer Taksim Her Yer Direniş" dövizi ile eylemlere katkı sunan Arık köyü bunlardan biri oldu. Bir başka örnek de Hes'lere karşı uzun zamandır büyük mücadele veren Karadeniz'den geldi; Ayder.

Eylemlerin şehirlerle sınırlı kalmaması, köylerde, kasabalarda ses bulması Gezi eylemlerinin belirli bir sınıf ya da grup üzerinden yorumlanamayacağının bir başka göstergesidir.

LGBT

Gezi eylemleri öncesi kapalı bir grup olan LGBT, eylemler esnasında çatışma noktaları olan barikatlarda eylemci olarak yerlerini aldıkları gibi, Gezi Parkı'nda diğer gruplarla iletişim kurma ve kendilerini farklı gruplara anlatma olanağı sağladılar. Aynı şekilde daha önce LGBT'lilerle hiç ilişkide olmamış insanlar bu tanışıklıkla ön yargılarından vazgeçme deneyimi yaşadılar. 27 Haziran 2013'te gerçekleşen LBGT Onur Yürüyüşü bu tanışıklığın hemen ardından Türkiye açısından rekor sayılabilecek on binlerce kişinin katılımı ile gerçekleşti. Özgürlükler sorunundan en fazla etkilenen gruplar arasında yer alan bu grubun Gezi eylemlerinde kullandığı duvar yazılarından bazı örnekler:

- YASAK NE AYOL!

- TOMALARA GÖĞÜS GEREN, İŞTE BENİM ZEKİ MÜREN

- AY RESMEN DEVRİM!

- AŞK ÖRGÜTLENMEKTİR

-DİRENİŞİN "O" BİÇİMİ

ANTİ-KAPİTALİST MÜSLÜMANLAR

Gezi eylemleri boyunca Park'ta nöbet tutan, yaşayan grupların başında geldiler. Başbakan Erdoğan'ın Gezi eylemcilerini "inançsız, camide içki içen saygısız insanlar" kategorisinde değerlendirmesine karşın inancı ritüelleri ile de yaşayan bu grup ramazan iftarı için Gezi eylemleri esnasında organize ettiği "Yeryüzü/Yer Sofraları" ile farklı kültürel refleksleri olan yüz binlerce gezi eylemcisini bir araya getirmeyi başardı.

TOMA-BİBER GAZI

Eylemcilerin büyük bir bölümü TOMA ve biber gazı ile Gezi eylemlerinde tanıştı. Daha önce biber gazı ve TOMA deneyimi olan eylemcilerin, bu şiddet biçimine karşı gösterdiği reflekse hiç benzemeyen bir refleksle karşılık veren Gezi eylemcileri için TOMA ve biber gazı eylemlerin negatif temsilcisi olarak bileşende yerini aldı.

Korkutucu ve son derece tehlikeli bir deneyim olan biber gazına maruz kalmak Gezi eylemcileri arasında yaratıcılığa ve esprilere neden oldu. "Biber gazına ne iyi gelir, sirke mi limon mu?" tartışmasıyla Adile Naşit ve Münir Özkul Geziye dâhil edilirken, sokaklarda TALCİD Man, sosyal medyada ise "İstanbul Tomasını Seçiyor", "Toma Halk" ve "Poma" afişleri yerini aldı.

Gezi eylemlerinde negatif bileşen olarak yer alan biber gazı ve TOMA'ya dair söylenenlerden bazıları:

-Yiyin Gari!
-Biber gazı servisi çok kötü, servis çok yavaş. Çevik kuvvet suratsız. Bir toma için 25 dk.bekledik. Bir daha da gelmem!
-Oh Biber!
-Bu gaz bir harika dostum!
-Cnm sende Talcid var mı ya?
-Gaz'a niye gelmedin?
-Biber gazının hastasıyız!
-Recop Tazyik Gazdoğan!
-Bas gaza yavrum!
-Tomayla sekiz gündür beraberiz ciddi düşünüyoruz!
-Yedi gündür yıkanmıyoruz, acil toma gönderin!
-Tomates Biber PatlıCop!
-Sizde toma varsa bizde Drogba var!

4.BÖLÜM

OLAY-OLGU

Olay: İnsanları ilgilendiren, sosyal, siyasal ve dinî alanlarda meydana gelen, başlangıcı ve bitişi beli olan gelişmedir. Örnek: Türklerin Anadolu'ya gelişi.

Olgu: Aynı özellikteki tarihi olayları kapsayan ve belli bir süreci ifade eden genel bir kavramdır. Örnek: Anadolu'nun Türkleşmesi.

Daha önceden organize olan eylem biçimlerinde belirleyici ilke "akıl"dır. Akıl, neden bir arada olunması gerektiğini; ortak çıkar ve faydaları belirler, akılda ortak bir uzlaşı gerçekleşir. Eylem zamanı, saati ve yeri önceden afişlerle ya da farklı iletişim kanalları aracılığıyla ilan edilir. Katılımın geniş olması için eylemleri organize eden öncü gruplar çeşitli ön çalışmalar yürütürler. Eylemde kullanılacak sloganlar, el ilanları, bildiriler önceden hazırlanır. Bu tür eylemlerin önceden belirlenmiş sözcü ve liderleri bulunmaktadır. Hak ihlalleri, anti demokratik uygulamalar, çevre sorunları gibi önemli konu başlıklarında gerçekleşen bu tür organize eylemler özellikle Batı'da siyasete yön veren önemli bir itici güçtür.

Gezi eylemleri, İstanbul'un Beyoğlu ilçesinde bulunan ve sadece umumi hizmette kullanılmak koşulu ile tapuda İstanbul Büyükşehir Belediyesi'ne tahsis edilmiş olan Taksim Gezi Parkı'na İstanbul 6. İdare Mahkemesi ve 2 No.lu Kültür ve Tabiat Varlıklarını Koruma Kurulu kararı olduğu hâlde Topçu Kışlası'nı Taksim Yayalaştırma Projesi çerçevesinde imar izni olmadan yeniden inşa etmesini engelleme eylemi olarak başlamıştır. Bu aşama eylemlerin henüz kendini tarihe "Gezi Eylemleri" olarak yazdırmadığı birinci aşamadır. Katılımcılar az sayıdadır ve organize olarak bir aradadırlar. Ardından 27 Mayıs 2013 tarihinde iş makinelerinin parka girmesi ile bu haberin sosyal medya aracılığıyla kısa sürede yayılması sonucunda bazı aktivistlerin parka gidip çalışmaları durdurmaya çalışmasına polis orantısız müdahalede bulunmuştur. Polisin orantısız güç uygulaması ile 31 Mayıs tarihine kadar eylemcilerin sayısında artan bir oran gözlemlenmiştir. 31 Mayıs sabahı polisin Gezi Parkı'nda bulunan aktivistlere uyguladığı şiddet "Gezi Eylemleri" olarak tarihe geçen eylemlerin başlangıç tarihidir. Farklı dünya görüşlerinden, farklı sosyoekonomik gruplardan milyonlarca insanın bir anda, organize olmaksızın bir içgüdü gibi kendini sokaklarda bulmasının nedeni genel olarak baskıcı yönetim anlayışına bir tepki niteliği gösterirken, böylesine büyük bir kalabalığın ansızın ve ülkenin her yanında sokaklara dökülmüş olmasının itici gücü "masumiyet"e dokunulmuş olmasıdır. Uğradıkları sayısız mağduriyete rağmen, daha evvel sokaklara dökülmemiş olan bu insanlarda açığa çıkan içgüdüsel (iç tepi) refleks, varlık, yokluk sınırı gibi masumiyet üzerinden kendi vicdanlarını ayağa kaldırmıştır. İnsanlar bu kez akılda uzlaşı ile değil, vicdanın rızalığı ile ayağa kalkmışlardır. Farklı gruplardan oluşan gezi eylemcilerinin bir bileşen hâline gelmesini sağlayan bağ, olanlara, yoğun polis şiddetine katılımcıların vicdanı razı olmamış, vicdan üzerinden bir rıza bahçesi olan Gezi Parkı'na böylece giriş yapılmıştır.

BİR RIZA BAHÇESİ

Gezi Parkı'nın bir vicdan sahası olarak kapsadığı alan Beyoğlu ile sınırlı değildir; İstanbul/ Beyoğlu'nda bulunun Gezi Parkı Türkiye ve dünyada 31 Mayıs itibarıyla oluşmaya başlayan "Rıza Bahçesi Gezi Parkı"nın yalnızca bir işaret tabelası, bir simgesidir. Tüm dünyayı (vicdan üzerinden oluşarak) kapsayan bu rıza bahçesinde yaşanan atmosfer Gezi olaylarını kapsayarak aşan, dünyada bir eşik atlamaya vesile olacak olan tarihsel bir olgudur. Bu olgu tek tek yaşanan olaylara indirgenemeyeceği gibi, bireysel ideoloji ya da inançlara da indirgenememektedir. Bahçede bulunun her görüş bir çiçek gibi orada mevcut olmakla birlikte, tikel olarak bahçenin tamamı ve sahibi değildir.

Bahçenin bulunduğu mahal; vicdan.

Bahçedeki her bir farklı çiçek/ağaç; özneler.

Bahçenin sahibi; zaman.

Bahçenin mekânı; tarih.

Olgusal olarak gezi; zaman(varlık), mekân(tarih) ve öznenin buluşmasıdır. Zamanı (kendi kendini açığa çıkaran varlık/zamanın ruhu/ zamanın tin/öz bilinci) mekâna (tarihe) çağıran öznedeki tutkudur.

Gezi olayları, "Gezi Olgusu Süreci"nin yalnızca başlangıcıdır.

"BU DAHA BAŞLANGIÇ MÜCADELEYE DEVAM"

Sürecin başlangıcının simgesel mekânı olan Gezi Parkı'nda, dışarıdaki baskıcı uygulamalar, polis şiddeti, tırmandırılan öfke ve yaşanan acılar, parkta bulunanları birleştiren, âdeta katalizör görevi gören önemli bir etkiye neden oldu. On beş gün devam eden Gezi Parkı yaşamına kimilerimiz bire bir parkın içinde bulunarak dâhil olurken, kimilerimiz televizyon ekranları, sosyal medyada yayınlanan videolar ve fotoğraflarla aynı hissiyatla dâhil oldu. Kısa sürede kolektif bir yaşam ve kültür oluşturuldu. Kimileri geçmişe ait klasik reflekslerinden hareketle bu doğal oluşumun lideri olma yönünde çaba gösterse de parkın doğal ortamı buna olanak vermedi. Çadır siteler, kütüphane, yemekhaneler, revir, sinema gösterimleri, boya atölyeleri gibi pek çok etkinliğe sahne olan bu yaşam alanı farklılıkların bir arada yaşamasına olanak sağladı. Yıllardır deneyimi olmaksızın söylediğimiz, "Yaşasın halkların kardeşliği!" sloganı boş bir bildirim olmaktan çıkıp, on beş günlük hakiki bir deneyimle hayat buldu. Bu deneyim Anadolu'yu Anadolu yapan, yapabilecek olan ve tıpkı simgeselliğini Aşure'de gösteren bir deneyimdi.

Aşure hazırlanırken hiçbir ürün diğer ürün uğruna öğütülmez. Fasulye ayrı bir kazanda, nohut ayrı bir kazanda, buğday ayrı bir kazanda kaynar. Her biri kendi lezzetini, varlığını ezilmeden koruyarak bir kazanda buluşurlar. Kazanda onları hakiki sevgi diyebileceğimiz bir jöle buluşturur ve aynı ateşle kaynarlar. Gezi'de her görüş Aşure'nin bir unsuru ve kazanın ateşi ise dışarıda katalizör görevi gören "baskıcı unsur" oldu.

İster bizzat parkın içinde olan bazı insanlar, ister tüm coşkusu ile parkın dışında olan bazı insanlar birlikte hem bir lezzet ortaya çıkardılar hem bu lezzetin tadını damakları tatmış oldu. Tadı artık bilinen bu deneyime "Gezi Ruhu" tanımlaması yapıldı. Tinin, ruh olarak bu ilk görünümü -öz bilinçli olmasa da- Anadolu tinine uygun, kendisini kendinde olan şey yaptı. Hiçbir zaman ölmeyecek olan "genel tin" yalnızca örtülüydü. Uzun yıllardır üzeri örtülü duran Anadolu tininin özüne uygunluk gösteren "Gezi Ruhu" ve onun nüktedan zekâsı -tıpkı tüm sıkıntıları espri ile karşılayan Nasreddin Hoca gibi- Anadolu halk tini olarak 2013 yılında, 2013 yılının dili ile kendini tekrar gösterdi. Bu tin Musevi, Hristiyan, Müslüman, inanan, inanmayan, Türk, Kürt, Ermeni, sağcı, solcu, kapitalist, anti-kapitalist ayrımı yapmayan, bir kültüre indirgenemeyecek, kültürleri kapsayarak aşan bir tin olarak Anadolu tinidir.

Simgesel olarak ilk görünümü Gezi Parkı'nda gerçekleşen bu buluşmanın yine kendi özüne Anadolu'ya uygun olarak gerçekleştirdiği bir başka bulaşma ise; vicdan ve yaratıcı zekânın buluşmasıdır. Dünya yüzlerce yıldır akıl ve vicdan olarak kutuplaşırken ve aklı ya da vicdanı tercih etmeye sürüklenirken parçalanmış kimliklerimizle bizler yorgun düştük. Vicdanı aklın hizmetçisi hâline getiren tarihi serüvenimiz yaşadığımız onca deneyimle bize şunu gösterdi: Vicdan aklın hizmetinde olursa dünya "insanlığımız"ın olmadığı bir mekanizmaya dönüşüyor. Mekanizma değer üretmediği için değersizlik içinde anlam arayışı bizi ideolojilere, etnik kimliklere, inançlara sıkı sıkı sarılmaya götürüyor. Oysa akıl vicdanın hizmetinde olursa yaratıcı zekâya dönüşüyor ve işte bu zekâ geleceği şimdide inşa ediyor.

Gezi olayları boyunca gerilim-korku ve coşku-neşe aynı anda yaşadığımız duygular. Korkumuz tertemiz bir korku, coşkumuz tertemiz bir coşkuydu. Hepimiz bu süreçte yaşadığımız deneyimin masalsı olduğunun farkındaydık. Hepimiz tarihi bir durumun içinde olduğumuzu hiçbir soru işaretine yer bırakmayacak kadar emin bir duyguyla biliyorduk. Daha önce hiç yaşamadığımız bir duygunun içinde hayranlık ve ürpertiyle duruyorduk. Hiç bitmesin istediğimiz bu duygu sanki bir cazibe merkeziydi ve biz yüzümüzü hiçbir yere çevirmeden onu seyretmek istiyorduk. "Uyursam ihanet etmiş gibi olacağım," duygusunu yaşatıyordu bize bu duygu. Uyursak masaldan uzaklaşacakmışız gibi hissediyorduk. Aynı duyguyu çevremizde pek çok insanın da yaşıyor olması, birbirimizin gözünde seyrettiğimiz o taptaze pırıltıda birbirimizi seyretmemizi sağlıyordu. Daha önce hiçbir tanışıklık yaşamamış olmamıza rağmen, binlerce yıllık dostlukla yaklaşıyorduk birbirimize. Sanki uzun yıllar önce yitirdiğimiz kendi anlamımızı, kendi özümüzü deneyimliyor gibiydik birbirimizde. "İnsanın insanla güneşlenmesi" denilen şeydi yaşadığımız.

Bir yapıt inşa oluyordu ve biz her birimiz bu yapıtın birer parçasıydık. Yapıt bizimle inşa oluyordu.

İnsan bir yapıtın içinde ve o yapıtın bir parçası ise yapıtın bütünü hakkında konuşma gereği duymaz, dahası konuşamaz. 31 Mayısta başlayıp 15 Haziran'da tamamlanan ve 11 Mart 2014'te Berkin Elvan'ın kendinden önce giden abilerinin yanına gitmesi ile "masumiyet" tacını giyen bu yapıt *Gezi Olgusunun Başlangıcı* olarak artık tamamlanmış ve ortadadır. Bize, bireylere düşen kendimizi bir aynada seyreder gibi bu yapıtta seyretmektir. Ayna olarak yapıtta seyrettiğimiz şey, Gezi olayları esnasında yaşadığımız deneyimin bize nasıl da yakıştığı duygusudur. O hâlimizi orada, o deneyimde bulunan birey olarak kendimizi, özgünlüğümüzü ve özgürlüğümüzü bilincinde olmasak da duygu olarak her birimiz çok sevdik. Yapıt olarak yapıtta seyrettiğimiz şey ise farklılıkların bir arada uzlaşı ile değil, rıza ile gönüllü olarak yaşadığı özgürlüktür. Bağlamanın tellerinin "gardaş eylenip" türkünün birlikte söylenmesini ya da farklı enstrümanların bir aradalığından doğan o muhteşem senfoniyi yine bilincinde olmasak da çok sevdik.

GEZİ'NİN TEKRARI NEDEN OMUYOR?

Gezi üzerinden geçen bu bir yıl boyunca hem Gezi'deki kendimizi hem Gezi'nin bütününde yaşanan deneyimi çok özledik ve zaman zaman Gezi tekrar olmalı, yine Türkiye'yi, dünyayı ayağa kaldıracak bir coşku ile sokaklarda var olmalı diye düşündük. Aslında söylemek istediğimiz şey belki de, "Lütfen Gezi yok olmasın, tarihin tozlu geçmişinde yerini almasın, bir anıya dönüşmesin. Bu ruh yaşasın ve daha da büyüsün,"dü. Örgütlü hareket etme deneyimi olan siyasi oluşumlar, bileşenler, Gezi'de açığa çıkan duygunun siyasi bir kurumda birleşmesi ve bir irade olarak varlığını göstermesini arzu ettiler. Hatta Gezi'de kullanılan sloganları, esprileri, "farklılıkların birliği" ifadesini konuşmalarında kullanarak Gezi ruhunun kendi oluşumlarında yer aldığını dile getirmek istediler.

Bu çaba, Gezi ruhunun örgütlü bir iradede buluşursa bedenleneceği ve bu şekilde söz sahibi olacağı düşüncesinden kaynaklı bir iyi niyet olmakla birlikte, yalnızca Gezi olaylarında yaşanan deneyimin duygusal sözcüklerini barındırıyordu. Farklılıklar renklerini koruyarak aynı coşku ve kalabalıkla Gezi'nin masumiyet tacı olan Berkin Elvan'ın cenaze töreni dışında ne bir siyasi oluşumda buluştu ne de sokaklara indi. Gezi'deki masumiyetle Berkin Elvan'ın masumiyeti bir vicdan refleksi olarak sokaklarda kendini gösterdi.

Gezi'yi bir çatı altında görme, bir çatı altında tanımlama gayreti, henüz tamamlanmamış, tanımlanmamış bir olgunun öz-bilinci (karaktere dönüşmüş bir anlayış) olmadan hangi ilke ve amaç etrafında ve "Nasıl?" bir arada olacağı ya da olabilirliği düşünülmeden yalnızca kendimizi ve insanları kandırma çabasından ibaret kalır/kaldı. Varlık olarak Gezi'nin yaşanmıştı vardı, fakat bilinme bakımından henüz tamamlanmamıştı.

Gezi ile başlayan "bir arada özgürlük" talebimiz dilimizden dökülen en güzel dua oldu. Hakiki bir ihtiyaç olarak özgürlük, Gezi olaylarından bu yana belki de en çok dile getirdiğimiz kelimelerden biri. Felsefede en yüksek ilke ve amaç olarak anılan özgürlüğün bir negatif bir de pozitif olmak üzere iki anlamı/yönü olduğu ifade edilir. Pozitif olarak önceden belirlenmiş hiçbir şeyin olmaması, "ruh"un herhangi bir şekilde tayin edilmemesi (tıpkı Gezi'de olduğu gibi) söylenirken, negatif yön, "ruh"un kendisinin de ne yaptığını bilmemesini ifade eder (yine Gezi'de yaşandığı gibi). Bu anlamda ruh -ki buna henüz bilincinde olmadığımız tin diyebiliriz- önceden tayin edilmemiş, kendisini geldiği hâle doğru götüren bir süreç içerisinde kendi kendisini gerçekleştirmektedir. Gerçekleşen, tinin öz bilinci, yani özgürlüktür.

Gezi olayları, Gezi olgusunun ilk görünümü ve yakın geleceğin "şafak vakti" olarak karşımıza çıktı. Gezi bitmiş, tamamlanmış bir olgu değildir henüz. Gezi'yi "olaylardan ibaret görmemiz" bizi sınırlamaktadır. Gezi yeniden olur mu? Gezi zaten olmaya devam etmektedir. Fakat kastımız sokaklar. Sokaklarda insanlar tıpkı Gezi olayları zamanında olduğu gibi tekrar görünürler mi? Sokaklarda milyonlarca insan ansızın yine yer alabilirler, fakat buna "Gezi" diyemeyiz, "Tıpkı Gezi'de olduğu gibi milyonlarca insan sokaklarda," diyebiliriz ancak. "Gezi gibi", ama "Gezi" değil ya da başka bir isim alabilir bu -ola ki- olacak olan.

Filozof Hegel "Tarihte Akıl" eserinde "tin" tanımı yaparken, "Tin hayvan gibi doğal bir şey değildir. Hayvan olduğu gibidir, dolaysızdır. Tin ise kendini meydana getirmesiyle, kendini olduğu şey yapmasıyla hayvandan ayrılır," diyor. Hegel'in tin dediği yerlere biz Gezi'de yaşadığımız coşkuyu, "Gezi Ruhu" dediğimiz şey koyarak okuyabiliriz;

"Doğada tomurcukların nasıl düştüğünü ve yerlerine yenilerinin geldiğini biliyoruz. Ama tinsel yaşam başkadır. Ağaç hep kalır, filizlenir, yapraklanır, çiçek açar, meyve verir ve daima yeniden başlar. Bir yıllık bitki meyvelerinden sonra yaşamaz; ağaç yıllarca sürer, ama bir gün o da ölür. Doğadaki yeniden canlanma yalnızca aynı şeyin yinelenmesidir: Hep aynı döngüyle gelen can sıkıcı bir tarih. Güneşin altında yeni bir şey yoktur. Ama tinin güneşiyle iş değişir. Onun gidişi, devinişi bir kendini yineleme değildir, tersine tinin daima başka biçimlere girmesiyle değişen görünüşü özünde ilerlemedir... Belli bir tinsel oluşum doğal bir şey gibi zamanla geçip gitmez, tersine kendisinin bilincini kendisi gerçekleştiren ve kendisini bilen etkinliğiyle kaldırır. Bu kaldırma, düşünce etkinliği söz konusu olduğu için, aynı zamanda saklama ve yükseltmedir... Onun aslı, kendi kendisini meydana getirmiş olmaktır. Bu süreçte, o ayrı öge ve aşamalar edinir, devinim ve değişim yaşar... Dünya tarihi, tinin kendisini, kendi asıl doğrusunu bilip gerçekleştirdiği tanrısal sürecin, basamaklanışın serimidir. Bütün bunlar kendini tanımadaki basamaklardır: Tinin özüne seslenen en yüksek buyruk "kendini tanı"dır, kendi neyse onu bilip meydana getirmektir. Tin bunu dünya tarihinde meydana getirir, bu oluşumlar dünya tarihindeki halklardır. Her biri belli bir basamağa karşılık gelen yapılardır bunlar: Dünya tarihindeki dönemleri gösterir. "

GEZİ'NİN OLGUSAL SÜRECİ

Tinin 1. Görünümü: (Yaşama) Gezi olaylarının gerçekleştiği günler. Bir taraftan baskıcı unsurların yarattığı gerilim, diğer taraftan daha önce deneyimlenmemiş masalsı bir coşku. Gezi ruhunun her taraftan kendini gösterdiği, dayanışma ve yaratıcı zekânın yoğun bir şekilde kendine özgü dil ürettiği günler. Kullanılan sloganların, duvar ve sosyal medya yazılarının özgün bir dile dönüşmesi ve bu cümlelerin yaşamda dilin günlük kullanımına hazır hâle getirilmesi. Geçmişin deneyimleri, geçmişin ideolojik refleksleri ile hareket eden insanların yeni bir kuşakla, yeni bir dille karşılaşmaları. Sıkıntının ortasında gerçekleşmiş olan bir doğumun kutlanması ve haklı olmanın getirdiği bir güven ortamı bulunmakta. Daha önce bir araya gelinmemiş farklı düşüncelerden insanlarla bir arada olmanın verdiği şaşkınlık ve ötekini olduğu gibi kabul etme isteği. Olgunun duygusu yoğun bir şekilde mevcut fakat henüz bilinci mevcut değil. "Neler oluyor?",

"Neden şimdi?", "Ne olur bundan sonra?", sorularına son derece emin bir duygu ile "Her şey güzel olacak, hiçbir şey eskisi gibi olamaz artık," cevabı verilebiliyor yalnızca. Sanki olan şeyin merkezinde bir cazibe var ve herkes bir kutlamaya dâhil olur gibi göze gözükmeyen bu sevince doğru çekiliyor. Yaşanan, bir özgürlük deneyimi fakat "Özgürlükten kastettiğimiz nedir?" diye sorulacak olsa, "İşte şuan hissettiğim bu duygu," diyebileceğimiz bir deneyim ve henüz bilgisi mevcut değil.

Tinin 2. Görünümü: (Bilme) Gezi olaylarının bitmesinden sonra iç dünyamızda Gezi üzerine düşünmeye başladığımız zaman dilimi. Olayların üzerinden bir yıl geçti. Bir yıldır her birimiz Gezi'de yaşadığımız deneyimi düşünüyoruz: "Nasıl böylesine yüksek bir sanat eserini hep birlikte tarihe yazdık?","Tam olarak neler oldu?","Bundan sonra yakın gelecekte bizi neler bekliyor?". Gezi üzerine düşünürken içten içe hepimiz Gezi aynasında kendimizi seyrediyoruz, aynadaki görüntümüze çeki düzen verme ihtiyacı duyuyoruz. Bir taraftan "Gezi Ruhu"nu Türkiye'de ve dünyada seyreden, tanık olan herkesin duyduğu hayranlık bir övünç sebebi olarak kalbimizde yerini koruyorken, diğer taraftan bu hayranlığa neden olan masumiyet, yaratıcılık ve Gezi'de kazandığımız farklılıklarla bir arada yaşayabilme gücümüzü kaybetmekten korkuyoruz. Kendi iç dünyamızda bir Gezi Parkı var ve oradan uzaklaşmama savaşı veriyoruz. Aslında çoğumuz kendi iç dünyasında, "Tıpkı Gezi gibi olmak istiyorum, ona benzemek istiyorum, ben de Gezi gibi olabilirim, olmak istiyorum," diyor. Tinin 1. görünümünde dış dünyada olan Gezi deneyimi şimdi iç dünyalarımızda gerçekleşsin istiyoruz. Bazen Gezi'ye yakışmaz sözcüklerle, tavırlarla yakalıyoruz kendimizi ve bu hâlimizi artık sevemiyoruz. Basit ama yaratıcı zekâyla hareket etmek, coşkulu ve vicdan sahibi olmak, her insanı kim olursa olsun "insan" olarak önemsemek ve yalnızca insanlığın evrensel değerler dilini kullanmak bizi yuvada, yani Gezi'de, yani kendimizde hissettiriyor. Gezi'yi bilmemize konu/nesne edinip üzerine düşünürken onu bilmeye dönük iç dünyamızda attığımız her adım her birimizde bir öz bilinç inşa ediyor. Kendi elimizle kendimizi bir gezi park inşa eder gibi yeniden ve belki de ilk kez inşa etmek istiyoruz. Vicdani her konuya ve haksızlığa daha çok duyarlı insanlar hâline dönüşüyoruz.

Tinin 3. Görünümü: (Kendi bilincinde olma) "Tin kendi üzerine dönerse hakikat olur."

YAKIN GELECEKTE NE OLUR?

Tinin 2. görünümünde Gezi üzerinden, kendinde Gezi'yi görebilen, kendini inşa eden bireyler aynı zamanda halkın tinini görebilen bireylere dönüşürler. Halkın isteklerini kendi karakterlerinde yine bir tutku olarak görebilen bireyler. Bu insanlar kafalarına taktıkları şeyi değil, zorunlu ve hakiki olanı bilinçlerinin önüne taşıyabilmiş ve bu nedenle özne olmuş insanlardır. Özgürlük tanımı bu bireyler için "ne istenmediğini bilme değil, ne istendiğini bilme" hâlidir. Özgürlük ancak bu bireylerde bir karaktere dönüşür ve bu soyut kavram sözü edilen bu öznelerin eli ile tarihte gerçekliğe dönüşebilir.

Tinin bu 3. ve son görünümünde yani Gezi'nin ete kemiğe bürünüp insan karakteri olarak görünüşe çıkacak olması ile Gezi olaylarında bir şafak vakti gibi tanık olduğumuz aydınlığın, açık seçik aydınlık olarak yaşamın her alanında kendini göstereceğine tanık olacağız. Mevcut siyaset, medya, sanat vb. yapılanmalarının alışılmış kuralları köklü değişime uğrayacağı bir dönem bu. Sanatta, felsefede, bilimde, siyasette, medyada, iş dünyasında, üretimin olduğu her alan "Değerler Çağı"nı çağıran, hayata geçiren bir "Özneler Kuşağına" tanık olacağız. Tıpkı tarihte daha önce aynı dönemde hatta aynı şehirde yaşayan pek çok öznenin bir çağı çağırmak istermiş gibi tarih sahnesinde yerini almaları gibi. Yeni bir çağ başlarken onlarca, belki yüzlerce yıllık dünya insanının birikimi, emeği ve yakarışı bir dönem gelir ki meyveler vermeye başlar. Bu meyveler halkların istençlerini bir karakter olarak giyinmiş olarak karşımıza çıkarlar. Bu insanların eylemleri ile dünya sanatta, felsefede, bilimde, siyasette, her alanda yepyeni bir dönemle karşılaşır.

Sıradan insanlar kısa ömür dilimi içerisinde tanığı olduğu zamanın yüzlerce yıllık hazırlığını fark etmeyebilirler. Yaşadıkları tarih hikâyesi hep böyleydi ve böyle devam edecek duygusu içinde olmaları onlar için olağandır. Fakat yüksek geneli kavrayan insanlar, onu kendilerine yegâne amaç yapan özneler şimdiki zamanın ruhuna açılan kapıyı açabilen insanlardır. Açılan bu kapıdan içeri girebilen halklar, sıradan bireyler tıpkı Nuh'un gemisine binip kurtuluşa erenler gibi tarihte var olurlar, anlam kazanırlar.

"20.yy.da geçerli olan ideolojik değerlerin, yerini, 21.yy.da insanlık değerlerine bıraktığının bir göstergesi' olarak 31 Mayıs'ta Türkiye'den yankılan, yeniçağı çağıran ses, onu duyan kulak ve onu anlayan anlayışlarla yani özneler aracılığı ile önce Türkiye'de ardından dünyada nasıl yankılanacağına bizler tanık olacağız. İşte o zaman Gezi'nin sonuçlarını görme zamanı geldi demektir.

VARLIK

"Tohum Kendini Bildi,
Meyve Verdi..."

SON SÖZ
ÖZGÜRLÜK AHLAKI

Ahlak; kökeni Arapça olan bir kelime ve huylar demek. Huy, alışkanlıklarımıza sinen davranışlar. Huyu olmayan insan olamayacağı için kötü davranışlarından ötürü bir insana "ahlaksız" dememiz kelimenin anlamı açısından pek mümkün değil. Fakat ahlakı "güzel ahlak" ve "kötü ahlak" olarak ayırabiliriz.

Özgürlük; bireyin/toplumun kendi varlığının sorumluluğunu alarak, kendini diğer birey ve toplumların denetiminden kendi iradesine bilinçli olarak teslim etmesidir diyebiliriz.

Dilimizden düşürmediğimiz bu iki kelime üzerine uzun zamandır düşünüyorum. Okuyabildiğim kadar okuduğum filozofların söylediklerini belleğimde tutmadan, tek başıma, hiçbir şey duymamış, okumamış gibi düşünüyorum. "Neden bu kadar çok istiyoruz özgürlüğü?","Herkes istiyor diye mi acaba?","Doğa, toplum ve kültür yasalarıyla bu kadar sınırlanmışken özgür olmak mümkün mü?","Özgür olmasam olmuyor mu acaba?","İsteyen bütün ömrünü bu tutku uğruna harcasın, ben bir köşede kendi tutsaklığımla barışıp, onu kabul edip yaşasam mesela, kim ne diyebilir bana?"

Dünya dev gibi karşımda duruyor. Duruşundaki heybetle beni çaresiz bırakıyor bazen. Ama bazen, her zaman değil. Bana ve daha çok masum insanlara haksızlık yapıldığında çaresizliğim ansızın gidiyor. Bütün dünyayı yaptığı haksızlıktan ötürü sürgüne gönderecek kadar büyük bir coşku kaplıyor içimi. İşte o zaman "Özgürlük!" ne demek tüm bedenimle baştan ayağa varlığını hissediyorum. Aslında benim bu hissettiğim insanların özgürlük dediği şeye belki de, "Hadi gel!" deyişimden ibaret. Bu duygu yüzünden bir köşede kendi başıma yaşama özgürlüğümü da baltalamış oluyorum. İçimde bir şey bana özgürlüğe mahkûm olduğumu söylüyor. Başka türlü kendimden razı, hoşnut olamayacağımı böyle zamanlarda anlıyorum.

Ama soyut kavramları anlamak, tarif etmek çok zor... İyilik, doğruluk, güzellik ve özgürlük... "Tarif etmek acaba çok zor olduğu için mi hem kendi hayatımıza hem tüm insanlığa özgürlüğü çağıramıyoruz?", "Tarif edebilsek gerçekleştirebilir miyiz acaba?" Tarif etmek ne istediğini bilmek demek olabilir. Hem kendimize hem başka bilinçlere bir şeyi tarif etmek o şeyi bilmek demek sanırım. Tarif edemediğimizde ne istediğimizi değil, ne istemediğimizi bilmiş oluyoruz. Özgürlüğü her tarif edemeyişimizde, "Özgürlük istiyorum!" demiş olmuyoruz galiba. Şu daha doğru olabilir; her, "Özgürlük istiyorum!" dediğimizde, "Tutsak olmak istemiyorum!" demiş oluyoruz gibi.

Biri çıksın bize özgürlüğün tarifini biz iyice anlayana kadar yapsın ya da en kolayı, O bizi özgürleştirsin diye bekliyoruz. Evet, ama o kim? Ha bütün ömrü özgürlük gelecek diye harcamışız, ha biri gelsin bizi özgürleştirsin diye beklemişiz, aynı şey. Bizden öncekiler hem kendi özgürlükleri hem bizim özgürlüğümüz uğruna neler yaptılar ya kitaplardan okuyoruz, ya anlatılanlardan duyuyoruz. Bizden önceki özgürlük savaşçılarının emeği olmasa bu aşamaya da gelmemiş olurdu şikâyet ettiğimiz koşullar. Bizden sonrakilerse ne yapacağını kesin olarak bilme ihtimalimiz şimdilik yok.

Bize bu tarih dilimi denk düştü. Niye bu coğrafyada, niye bu koşullarda, niye bu zaman diliminde doğduğumuzu bilmiyorum. Ama bildiğim, bu coğrafyada, bu koşullarda ve bu zaman diliminde olduğumuz.

Vatan benim için, benim hamurumun yoğrulduğu topraktır. Şunu demek istiyorum: Anadolu'da bana hizmet eden ağaca, suya, ayaklarımı bastığım toprak parçasına minnet borçluyum. Afrika'daki ağaçtan, sudan, topraktan daha kıymetli olduğu için değil. Bendeki bedene buradaki ağaç, buradaki su, buradaki toprak hizmet ettiği için. Bu bedenin varlığı sayesinde konuşabildiğim, düşünebildiğim, âşık olabildiğim için. Amerika'daki bir ağacın gölgesinde orada oturmadığım sürece nasıl bir sevgi bağı kurabilirim. Ağaca dünyanın her yerinde saygı duymak başka bir şey bir ağaçla sevgi bağı kurmak başka bir şey.

Geçmişimizi, üzüntülerimizi, geleceğimizi, hayallerimizi bu toprağa ayaklarımızı basarak kuruyoruz. Bize lütfedilen yaşadığımız bu zaman diliminde, şimdide bize ait her gülüş, ağacın, suyun, toprağın, "Oh be! Emeklerimiz ziyan olmadı, insan gülüyor," der gibi gülüşüdür. Biz gülüyorsak, biz özgürsek bu vatanın ağacı, suyu, toprağı gülüyor ve özgür demektir. Ve bu vatana, hem geçmişi için (buna insan emeği ve insan canı dâhil) hem şimdi için vefa ancak böyle olabilir. Ne önemi var Türk'üz, Kürt'üz, Müslüman'ız, Hristiyan'ız, Yahudi'yiz, deistiz, ateistiz, sağcıyız ya da solcuyuz. Toprağın ölü bedenimizi kabul ettiğinde bu tür detayları sorduğu görülmüş şey değil sanırım.

Bu vatana varlık borcumuz var. Biz ölüp gidene kadar var olmaya da devam edecek. Fakat bu genel özgürlüğün gerçekleşmesi her birimizin kendi bireysel özgürlüğü ile hayat bulabilir ancak. Bir toplum, "Tutsak olmak istemiyoruz!" diyorsa o toplumun özneleri bunun nasıl olduğunu, olabileceğini birer ayna gibi kendi karakterlerinde görmeli ve göstermelidirler. Toplumun, "Tutsak olmak istemiyoruz," derken ne demek istediğini bilen ve bilinçlerin önüne bunu yaparak, eylemle tarihe çağırarak, "Özgürlük budur!" diyen özneler.

Bir kurtarıcılar grubundan bahsetmiyorum. Her birimiz özne olabiliriz demek istiyorum. Özgürlük sorununu bir varlık-yokluk sorunu gibi kendine dert edinen hepimizden bahsediyorum. Özgürlüğü bir ahlak olarak karakter gibi giyinmek isteyen herkesten bahsediyorum. Kabul edelim, özgürlük başlangıçta hepimiz için boş bir sözcükten ibaret. Ama sözcüğü asla anlamlı kılamayacağımızı bize kim söyleyebilir!

Özgürlük: Bireyin/toplumun kendi varlığının sorumluluğunu alarak, kendini diğer birey ve toplumların denetiminden kendi iradesine bilinçli olarak teslim etmesi. Ahlak: alışkanlıklarımıza sinen davranışlar.

Belli ki, özgürlük bizde bir ahlak olmadığı sürece, alışkanlıklarımıza sinen davranış, yani karakter olmadığı sürece özgürlüğü iyi niyetli bir dua gibi çağırmaktan öteye gidemeyiz.

Kendi kendime bir süredir, "Özgürlük bir ahlak olmadığı sürece gerçekleştirebileceğim bir amaç değil," diye düşünürken ve "Son Söz"e "özgürlük ahlakı" demeye karar verdikten sonra ancak "özgürlük ahlakı" tanımını daha önce kimler yapmıştır demeyi akıl edebildim. Örnek olarak; Batı'dan Joseph Raz (1939- …) ve Türkiye'de Vehbi Hacıkadiroğlu (1919-2007) bu başlıkla eserler vermişlerdir.

Bu yetkin eserleri henüz okumadım ama ömrüm boyunca yapabildiğim bütün okumalar ve daha da önemlisi özgürlüğü bir karakter gibi giyinebilmiş insanlardan duyduklarımdan anlayabildiklerimi tekrar belleğime alıp "özgürlük ahlakı" dediğim tanımı birer öneri hâlinde kısaca yapmak istiyorum:

- Özgürlük bilincimizin konusu olduğunda o vakte kadar parçalanmış hâlde olan kişiliğimiz bir bütünlüğe gelir. Kişiliğin bütünlüğe gelmesi ile açığa çıkan ise kimliktir (hüviyet). Kimlik sahibi insanın tüm yapıp etmeleri, davranışları, insan ve insanlık içindir. Özgürlük bu insanlarda artık bir ahlaktır. Bu insanların karakterleri bizzat özgürlüktür.

- Özgürlük ahlakına sahip insanlar tutkuludurlar. Tutku, inişleri çıkışları olan bir duygu hâli değil, sükûnette var olan hakiki bir sabah aydınlığıdır. Tutkulu insanın bilinci kendine sabah aydınlığı gibi pırıl pırıl ve apaçık olduğundandır ki attığı adımlardan emindir. Ondaki tutkunun kaynağı inanmak değil fakat emin olmaktır. Tutku içinde vicdanı ve insan için değer üreten aklı bir arada taşır.

- Özgürlük ahlakında olan insan "can sıkıntısından" kurtulmuştur artık. Can sıkıntısı, kendine tutsak, bir türlü doyum bulmayan insanın, kendi hırsıyla yürüttüğü savaşın yenilgiler molasındaki yegâne oyuncaktır. Bu oyuncak, tutsağı dünyadaki güzelliklerin dışına atar. Bir bebek doğar, sesini duymaz. Bir çiçek açar, çiçeğin renginden, kokusundan habersizdir. Bir ağaç meyve verir, ağaca şükran duymaz. Gökyüzünden yağmur yağar, yağmurla dans etmez. Tutsağın canı sıkılsa da bebekler güler, çiçekler baharı çağırır, ağaç yeşillenir, gökyüzünden lapa lapa kar yağar. Tutsak insan hayatın dışında, özgürlük ahlakına sahip insan hayatın içindedir.

- Özgürlük ahlakı geçmişin anılarını (olumlu ve olumsuz anılar) saygı ile kabul eder, tarihsiz değildir. Fakat bu ahlak kendi varlığını geçmişe emanet edip bir kenara çekilmeyi ahlaksızlık (kötü ahlak) olarak tanımlar. Özgür ahlak, şimdiki zamanda, kendi varlığının sorumluluğunu tarihin tozlu raflarına kaldırmaz.

- Özgürlük ahlakı diğer insanların özgürleşmesi için insanlığa hizmet eder. Bu ahlakın sahipleri için özgürlük bir hayal, bir ütopya değildir. Özgürlük, insan karakterinde ve tarihte var ise vardır. Özgürlüğü var eden bizzat insan eylemidir. Özgürlük fikri bu insanların eylemlerinde hayat bulur.

- Özgürlük ahlakına sahip insanlar için ahlak; örf, âdet, alışkanlıklar ya da kurumların tortuları değil fakat ayırım yapmadan insanlığa feragatle hizmet demektir.

- Ve ancak bu ahlaka sahip insanlar "aydın" denilen gruplar ile "halk" arasında sahici bir köprü kurabilirler.

Gezi deneyimimizden önce bize özgürlüğü bahşedecek "seçilmiş" insanları bekleme hakkımız belki olabilirdi, fakat artık yok. Çünkü şimdiki zamanda tarih yazacak kahramanlar zaten seçildiler. Onlara "çapulcu" deniyor. Her yerde göreceğiz bu insanları... "İşte onlar!" diyeceğimiz "çapulcular", tarihi değiştirmeye geldiler...

Özgürlük; haysiyetli ve onurlu bir yaşam için kendimize ve insanlığa olan yegâne vicdan ve namus borcumuz olsun…

AYŞE ACAR: **Belgesel Yapımcısı- Yönetmen-Yazar**

Teoloji, Felsefe ve Tarih üzerine araştırmalar ve çalışmalar yürüten Acar'ın bu konular üzerine yönetmen ve yapımcılığını üstlendiği yayınlanmış belgeselleri olduğu gibi, devam eden arşiv ve saha çalışmaları bulunmaktadır. BBC, Press TV gibi uluslararası kanallara Anadolu İnanışları üzerine zaman zaman danışmanlık yapan Acar, yurtiçi ve yurt dışında çeşitli sempozyumlara konuşmacı olarak katılmaktadır. Yazıları haber sitelerinde ve DÜŞÜNÜYORUM Bülteninde yayınlanmaktadır. Ayşe Acar "Gezi Aktivisti" olarak da bilinmektedir.